悠久のナイル
ファラオと民の歴史

監修 山花京子
共編 東海大学
　　 横浜ユーラシア文化館

東海大学出版部

Eternal Nile: Pharaohs and People of Ancient Egypt
Tokai University Collection
Kyoko YAMAHANA
Tokai University Press, 2015
ISBN978-4-486-02062-2

凡　例

1. 本書『悠久のナイル—ファラオと民の歴史— Pharaohs and People of Ancient Egypt』は、展覧会『古代エジプト　ファラオと民の歴史—東海大学のエジプトコレクション Pharaohs and People in Ancient Egypt』の本文編（展示資料解説）に研究資料編を加えた書籍である。本書の刊行に当たっては2014年度東海大学総合研究機構プロジェクト「東海大学所蔵古代エジプト・パピルス文書の修復保存・解読・出版に関する国際プロジェクト」と東海大学文明研究所プロジェクト「文明遺産をめぐる課題」の助成を受けた。
2. 展覧会は横浜ユーラシア文化館と東海大学の共催である。会期は2015年1月31日〜4月5日、会場は横浜ユーラシア文化館（横浜市中区日本大通12）である。
3. 展示資料ならびに本書掲載資料は故鈴木八司東海大学名誉教授が生前収集された考古学資料および写真資料を、ご遺族を通じて東海大学に寄贈いただいたもので、現在東海大学文学部所管の「東海大学古代エジプト及び中近東コレクション（鈴木コレクション）」の一部である。
4. 展覧会の企画・構成・設営は横浜ユーラシア文化館（担当：竹田多麻子）があたり、書籍の企画・構成・監修は東海大学（担当：山花京子）があたった。展示構成と書籍構成はテーマ別としたが、大まかな時代枠にも沿う形とした。図版97、100〜106、120〜126の資料解説は竹田多麻子が担当し、その他は全て山花京子が担当した。
5. 展示各資料には資料名、出土地（採集地）、時代、材質、法量を記した。法量はcm表記で、H: 最大高、W: 最大横幅、T: 最大奥行、L: 最大長を示す。
6. 展覧会および書籍の写真資料は東海大学情報技術センターの指導のもと、デジタル処理を行った（担当：伊井さえこ）。写真資料のうち、鈴木八司撮影のものについては©AENET（東海大学古代エジプト及び中近東コレクションの英語略）を記しており、惠多谷雅弘撮影分については©ETAYA、竹田多麻子撮影分は©TAKEDA、山花京子撮影分は©YAMAHANAと表記している。なお、山花撮影のうち、世界の博物館や美術館に所蔵されているものについては掲載許可申請を行った。
7. 人工衛星画像については、東海大学情報技術センターの惠多谷雅弘、中野良志が担当した。
8. 展示会および会期中の解説員、ワークショップのボランティアとして大勢の学生が参加した。協力者氏名は巻末に別途明記した。
9. 本書に掲載した資料写真の著作権©AENETは東海大学が有する。無断転載を禁ずる。

巻頭言

　東海大学は故鈴木八司名誉教授のご遺族より2010年6月に古代エジプトを主とする古代中近東遺物コレクションの寄贈を受けました。本コレクションは鈴木先生がカイロに滞在された1958年から1968年の間に収集された書籍や考古資料、エジプト各地を訪ね歩き撮影された写真および映像資料からなる厖大なもので、その学術的価値ははかりしれないものがあります。

　本学は、できるだけ早く本コレクションの全体を一般公開したいと考えており、寄贈を受けて以来、文学部歴史学科考古学専攻とアジア文明学科のもとで整理と修復を進めてまいりました。現在は海外の専門家との連携のもと、パピルス文書史料の修復と解読を進めているところです。

　このたび、公益財団法人横浜市ふるさと歴史財団の横浜ユーラシア文化館と本学とのコラボレーション展覧会「古代エジプト　ファラオと民の歴史―東海大学のエジプトコレクション（Pharaohs and People in Ancient Egypt ― Tokai University Collection ―）」を開催する運びとなりました。本企画の実現にあたり、ご尽力いただいた横浜ユーラシア文化館の皆様に感謝申しあげます。

　本学は今後ともこのような地域連携活動を積極的に推進していきたいと考えており、今回の展示企画もその一端です。

　この展示をとおして、戦後の復興期に日本におけるエジプト学研究の草分けとして活躍した故鈴木八司名誉教授の足跡と、本コレクションがもつ学術的価値の一端をお伝えできれば幸いです。

2015年1月31日
東海大学学長
山田 清志

巻 頭 言

　古代エジプトを代表する巨大建造物や黄金の至宝。これらを目にしてまず思い浮かぶのはファラオ（王）の姿かもしれません。しかし、歴史の表舞台に立つファラオたちを支えたのは数多くの民の存在でした。

　この度の企画展「古代エジプト ファラオと民の歴史」は、従来の展覧会ではあまり触れられなかった「民の歴史」をテーマに開催致します。この展覧会は、横浜ユーラシア文化館と東海大学が連携して企画・開催するもので、東海大学が所蔵する古代エジプト及び中近東コレクションのうち約200点を初公開資料も含めて皆様にご覧頂きます。展示で出陳される化粧用の壺や植物で編んだサンダル、死者に捧げた供物用の盆などの様々な資料は、古代エジプト人の生活の息吹を感じさせるものばかりです。これらの資料を通して、日本におけるエジプト学の先駆者であり、コレクションの寄贈者である故鈴木八司氏が追い求めていた、ファラオのもとで暮らした人々の精神性に迫ります。

　さらに、本展では現代のエジプトにもつながる、キリスト教、イスラーム教の時代のエジプトにも注目し、人々の生活に関わる様々な資料を展示します。また、現在、東海大学では「古代エジプト パピルス文書の修復保存・解読・出版にかかわる国際プロジェクト」や画像のデジタル・アーカイブ化といった様々な分野で、コレクションの修復保存に取り組んでおられます。本展では、これらの最新の情報も合わせてご紹介します。

　本展が、エジプト文明の新たな魅力を知る機会となり、私たちに残された遺産をどのように未来に残していくかを考える場となれば幸いです。

　最後になりましたが、本展の企画・開催にあたり、ご指導、ご協力賜りました東海大学准教授の山花京子先生をはじめご尽力頂きました関係者の皆様に対し、厚く御礼申し上げます。

2015年1月31日

横浜ユーラシア文化館館長

上山 和雄

刊行にあたって

　東海大学文学部所管の「古代エジプト及び中近東コレクション（略称：AENET）（鈴木コレクション）」は書籍6,000冊、考古資料約6,000点、写真および映像資料約15,000点を数えます。2010年にご遺族より寄贈を受けて以来、文学部歴史学科考古学専攻と文学部アジア文明学科の教員と学生が中心となって整理を続けており、今後も考古資料と写真資料については点数が増える予想です。これらの厖大な資料を一点ずつクリーニングし、記録を取り、番号を付与し、台帳のデータベースを作成する作業が地道に進められており、近い将来、研究者だけでなく一般にも公開し、「開かれた大学」としての資料活用を目指しています。

　本書『悠久のナイル―ファラオと民の歴史―』は2015年1月31日～4月5日に開催される横浜ユーラシア文化館企画展覧会「古代エジプト　ファラオと民の歴史―東海大学のエジプトコレクション」に展示されている遺物解説を軸として各章の冒頭に主題紹介と関連コラムを掲載しました。本書中の写真の多くは故鈴木名誉教授が撮影した1960年代初頭のエジプトの写真であり、現在ではすでに失われている遺跡や風俗も映し出されています。

　本書にはさらに「研究資料編」として、未来に伝えるべき人類全体の文化財に対する取り組みとして本学が推し進めている古代エジプトの学際的な研究内容を加えました。東海大学に於いて古代エジプトを軸に様々なジャンルの研究が行われていることを知っていただくための内容構成です。

　本書を手に取る皆様に古代エジプトの魅力をお伝えできれば執筆・監修者としてこれほど嬉しいことはありません。

　　　　　　　　　　　　　　　　　　　　　　　　　　2015年1月31日

　　　　　　　　　　　　　　　　　　　　東海大学文学部　アジア文明学科

　　　　　　　　　　　　　　　　　　　　　　　　　　山花 京子

エジプト地図

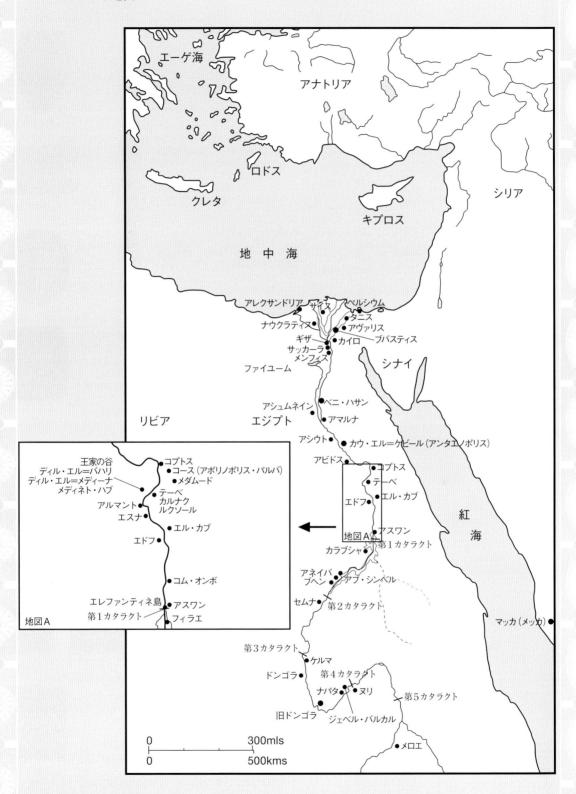

古代エジプト・イスラーム関連年表

西暦紀元前		時代	王朝	出来事
5500年	古代エジプト	先王朝時代	前5500年頃 前4000年頃 前3500年頃	バダリ期 ナカダⅠ期 ナカダⅡ期 ナカダⅢ期
3000年		初期王朝時代	【第1王朝】 【第2王朝】	エジプト全土の統一　首都をメンフィスに置く
2500年		古王国時代	【第3王朝】 【第4王朝】 【第5王朝】 【第6王朝】	ジェセル王　サッカーラに階段ピラミッド クフ王　ギザに大ピラミッド
		第一中間期	【第7-11王朝】	地方豪族の台頭と勢力争い
2000年		中王国時代	【第11王朝】 【第12王朝】	メンチュヘテプ2世によるエジプトの再統一 首都をテーベに置く
		第二中間期	【第13-17王朝】	外来民族ヒクソスによるエジプト侵攻
1500年		新王国時代	【第18王朝】	イアフメス（在位前1550-1525年頃）ヒクソスを追放 首都をテーベに置く トトメス1世（在位前1504-1492年頃） 西アジアやヌビアへの軍事遠征　エジプトの領土最大に トトメス3世（在位前1479-1425年頃）エジプトの領土再び最大 トトメス4世（在位前1397-1388年頃） 西アジアの大国間との勢力均衡を計るため、結婚外交を始める アメンヘテプ3世（在位前1388-1351/50年頃） エジプト文化の繁栄 アクエンアテン（アメンヘテプ4世・在位前1351-1334年頃） トゥトアンクアメン（ツタンカーメン・在位前1333-1323年頃）
			【第19王朝】 【第20王朝】	ラメセス2世（在位前1279-1213年頃） カデシュの戦い、建築事業の推進 ラメセス3世（在位前1183/82-1152/51年頃） 「海の民」を撃退
1000年		第三中間期	【第21王朝】 【第22王朝】 【第23王朝】 【第24王朝】 【第25王朝】	テーベでの王権の弱体化 タニスに新王朝が興り、テーバ勢力と並存 リビア系シェションク1世が王として即位（前946/45年） 　　　　　　東地中海世界の影響 新アッシリアによる侵攻、属領化
500年		末期王朝時代	【第26王朝】 【第27王朝】 【第28王朝】 【第29王朝】 【第30王朝】 【第31王朝】	ナウクラティスにギリシア人の交易植民地 アケメネス朝ペルシアによる支配 ペルシアによる再度の支配 ペルシアのダレイオス3世　アレクサンドロス大王の率いる マケドニア軍に敗北（前333年） アレクサンドロス大王がエジプトへ遠征（前332年）
		プトレマイオス朝		クレオパトラ7世が自殺し、プトレマイオス朝滅亡（前30年）
紀元		ローマ属領時代	1世紀頃	聖マルコがアレクサンドリアにてキリスト教教義を伝える ローマ帝国が東西に分裂（395年）　　コプト文化

注）年代は　／　を使って諸説を表しました。
注）年表中の資料写真でSK○○が付けられている作品は出陳されていません。

黒頂土器 SK47-3

桁飾り碑文断片

供物盆

分銅？

供物台

パピルス「死者の書」

コプト布

年代	時代区分		出来事
500年		ビザンティン帝国支配	
600年			ムハンマド誕生(570年頃) ヒジュラ マッカ(メッカ)からマディーナ(メディーナ)へ遷都(622年) 〔イスラム暦元年〕
	イスラーム時代	正統カリフ時代	エジプト征服(641年) フスタート建設(642年)
700年		ウマイヤ時代	ウマイヤ朝成立(661年)
800年		アッバース朝	アッバース朝成立(749年)、アスカル建設(750年) コプト農民の反乱(831年)
900年		トゥールーン朝	トゥールーン朝成立、カターイゥ(カイロ近郊)建設(868年)
		イフシード朝	イフシード朝成立(935年)
1000年		ファーティマ朝	ファーティマ朝のエジプト征服、カーヒラ(カイロ)建設(969年) カイロにアズハル・モスク建設(972年)　この頃、フスタート全盛
1100年			十字軍イェルサレム占領、ラテン王国建設(1099年) シャワール、フスタート破壊(1168年) サラーフ・アッディーンによるアイユーブ朝成立(1169年) サラーフ・アッディーン、イェルサレム奪還(1187年)
1200年		アイユーブ朝	
		マムルーク朝	マムルーク朝成立(1250年)
1300年			
1400年			ペストの大流行、フスタート壊滅(1349年頃) フスタートは以降、荒廃が進み廃墟となる
1500年		オスマン朝	オスマン朝、マムルーク朝を滅ぼし、 帝国領に加える(1517年)

土製スタンプ

マムルーク陶器

両把手付壺(SK73-2)

目次

巻頭言（山田清志） iv
巻頭言（上山和雄） v
刊行にあたって（山花京子） vi
エジプト地図 vii
古代エジプト・イスラーム関連年表 viii

プロローグ

鈴木八司先生と東海大学古代エジプト及び
　中近東コレクション（略称：AENET）（鈴木コレクション）について（山花京子） xii
衛星データで知る古代エジプト（中野良志） xv

解説編

Ⅰ. 来世への願い―あの世で再び生まれ変わるために（山花京子） 1
Longing for Eternal Life

　コラム：「セド祭」、「食神讃歌」と魂の甦り（山花京子） 17
　　Renewing Soul : Sed Festival and Cannibalism Hymn

Ⅱ.「永遠に生きよ！」―古代の食生活（山花京子） 21
Long Live! Ancient Food and Diet

Ⅲ. 日常生活を彩るものたち（山花京子） 35
Adding Colors to Life

　コラム：ガラスとファイアンス（山花京子） 45
　　Glass and Faience

　コラム：墓には決して刻まれない日常 ―パーネブへの訴状（山花京子） 52
　　Stories Never Told in Tomb scenes : A case of Paneb

　コラム：結婚・離婚・相続・借金（山花京子） 64
　　Marriage, Divorce, Inheritance, and Debt in Ancient Egypt

Ⅳ. 神・王・人の住処（山花京子） 73
Dwellings of Gods, Kings and People

　コラム：古代エジプトの神殿（山花京子） 82
　　Temples in Ancient Egypt

　コラム：夢と神託（山花京子） 90
　　Dream and Oracle

Ⅴ. 言葉と古代社会（山花京子） 93
Language and Ancient Society

    コラム：書記になれ（山花京子） 98
        Be a Scribe

    コラム：ユネスコのアブ・シンベルとヌビア遺跡群救済プロジェクト（山花京子） 100
        UNESCO's Salvage Project：Abu Simbel and Nubian Temples

    コラム：ナポレオンの「エジプト誌」（山花京子） 110
        Napoleon's *Description de l'Égypte*

Ⅵ. ローマ、コプトからイスラームへ（山花京子） 117
From Rome, Copt to Islam

    コラム：コプト織の世界（山花京子） 143
        A World of Coptic Textiles

    コラム：フスタート遺跡と東海大学古代エジプト及び中近東コレクション（竹田多麻子） 156
        Fustat and AENET：Ancient Egypt & Near Eastern Collection at Tokai University

Ⅶ. エジプト学者鈴木八司のまなざし―写真展より（伊井さえこ） 159
Egypt through the late Professor Suzuki's eyes：From a Photo Gallery

Ⅷ. エジプト探訪―宇宙から巡るナイルと砂漠（惠多谷雅弘・山花京子） 179
Journey through Egypt：From Space

    コラム：クシュとメロエ―ヌビアで栄えた王国（山花京子） 195
        Meroe：Once flourished Kingdom in Nubia

    コラム：衛星データ（惠多谷雅弘） 199
        Satellite Data

研究資料編

地球観測技術と考古学の融合
    ―衛星リモートセンシングデータによる古代エジプト遺跡発見について（惠多谷雅弘） 204

日本で初めてのパピルス・プロジェクト！
    ―東海大学の古代エジプト・パピルス文書の修復保存・解読・出版に関する国際プロジェクト（山花京子） 216

エジプト画像のデジタルアーカイブ化プロジェクト（宮原俊一） 222

文理融合　古代の技術を最先端分析機器で探る（葛巻 徹） 226

謝辞　　232
協力者・執筆者紹介　　233

PROLOGUE

鈴木八司先生と東海大学古代エジプト及び中近東コレクション（略称：AENET）（鈴木コレクション）について

山花京子

　故鈴木八司東海大学名誉教授は1926年に茨城県北茨城市に生まれ、東京大学を経て国費留学生としてエジプトのカイロ大学へ留学、さらに外務省の在カイロ日本国大使館職員として合計10年間エジプトに住み、ユネスコのヌビア遺跡救済キャンペーンに参加した唯一の日本人研究者です。また、当時イランやイラクで精力的に調査を行っていた故江上波夫東京大学名誉教授の発掘調査隊などにも参加し、当時の中東世界全域をフィールドとして活躍した人物です。鈴木先生の功績は日本でまだ知名度の低かった古代エジプト学を広く世に知らしめた学問の草分けとして、外国考古学を学ぶ者たちの基盤づくりを行ったことにあります。

　鈴木先生が志を立ててカイロの地を踏みしめた頃（1958年）は、日本にはまだ「エジプト学」というものが根付いていませんでした。当然のことながら、古代エジプトを研究する学問は、日本より欧米諸国のほうが200年先んじています。すでに18世紀末にはナポレオンによるエジプト遠征があり、フランス隊が持ち帰った異国情緒溢れる古代エジプト遺物はヨーロッパで熱狂的に受け入れられ、古代エジプトに対する興味やエジプト遺物蒐集熱を煽りました。その後、19世紀末期にはイギリスを中心とした欧州の研究者たちによって考古学的研究法に則った発掘調査が行われるようになり、古代エジプト研究に関しては欧州が先駆的かつ主要な地位を占めるようになっていました。

　1900年代の半ば、植民地から脱却したばかりの新生エジプト国家の首都カイロには現在より多くのヨーロッパ人が住んでいました。当然古代エジプト研究者の人口も多く、発掘調査も盛んに行われていました。

　鈴木先生はそのような欧米人研究者達の中に日本人研究者が単身で乗り込んで行ったのです。第二次世界大戦と太平洋戦争で大きな痛手を受けた日本は当時まだ経済復興の途上にありました。鈴木先生は渡埃当時を振り

1958年　渡埃後の写真 ⓒ AENET

鈴木先生研究室にて
2007年4月19日撮影
©MIYAHARA

返って「1ドル350円以上した時代に、船でインド洋を回りエジプトへ行ったんだ。カメラのフィルムや現像代がべらぼうに高くて、生活はぎりぎりだった。」と回想していらしたのを憶えています。

エジプトにおいて鈴木先生は堪能なアラビア語で交友関係を広げました。カイロのエジプト博物館にも頻繁に出入りし、カイロに集う欧米人研究者たちの知り合いも増えました。また、日本国外務省の職員として日本の要人を接待し遺跡観光に出かけることもしばしばあったようです。60年代初頭にはユネスコによるヌビア遺跡群救済活動（V章コラム参照）にも参加し、開発に伴う遺跡保護の実情とそれによって生活の場を失う純朴な人々の姿をご著書『ナイルに沈む歴史』（岩波書店）に綴りました。

やがて滞埃を終え日本に帰国後、東海大学にて教職を得ました。しかし、当時の日本には、古代エジプトを研究しようにもほとんど書籍がありません。エジプト研究の後進国である日本が欧米人研究者と肩を並べるためには、まず日本国内の研究水準を上げるために国内にあるエジプト関連の書物を充実させ、それらを研究者に提供できる環境を作らなければならないとの思いから、図書の蒐集活動を積極的に行いました。現在、日本一の規模のエジプト・オリエント関係の蔵書を誇る東海大学付属図書館は、まさに「学問の土壌を作る」という先生の理想が形になっているのです。現在東海大学付属図書館に所蔵されている古代エジプト関係の書籍と、先生のご遺族より寄贈された書籍の中には、日本に一冊しか存在しないものも多くあります。

エジプト滞在中の研究の成果は代表作『王と神とナイル』（新潮社）や『ナイルに沈む歴史』として出版されています。エジプト学の中でも特にヌビア（現スーダン北部）の民衆史に造詣が深く、著作を読むとヌビアの人々に対しての温かいまなざしが伝わってきます。日本では古代エジプトとヌビアの関わりを研究する者は鈴木先生以降不在です。し

たがって鈴木先生の著書や雑誌に著されたヌビアに関するご研究は出版後40年が経過した現在でも一級の資料としての価値があります。

また、東海大学在職中は古代エジプト研究だけではなく、「外国考古学」を広く日本に広める活動も行われました。その一環としてバルカン・小アジア研究に力を注ぎ、1972年より「バルカン・小アジア綜合学術調査団」の隊長として現地踏査に赴きました。1980年には考古学課程（現在の歴史学科考古学専攻）の立ち上げや校地内遺跡調査団の設立にもご尽力され、文学部長、付属図書館長も歴任されています。

戦後世代の学生にとっては、大正15年生まれの鈴木先生は一切の妥協を許さない厳しい先生として映りました。古代エジプトを学ぶのであれば英・独・仏は最低条件、これらの文献を読みこなして適切なコメントができない学生に対して、先生は容赦なく雷を落としました。学生が門前払いされることもしばしばあり、学生は毎回先生に会うたびに次は何を怒られるか、緊張し震えたものでした。しかし、強面の印象とは裏腹に、つねに学生のことを気にかけてくださったお優しい先生でもありました。パイプ煙草を燻らせながら研究室でじっと文献を読んでおられる先生の姿は今でも記憶に鮮明に残っています。

酒を愛し、家族を愛した先生は病と闘い、最期まで研究を続けておられました。先生がご逝去された後研究室の整理に入ったときは、まだ多くの書物が開いたまま長机の上に置いてあったのを目の当たりにし、ご研究半ばで倒れられた先生の無念を感じたものです。

2010年1月に鈴木先生があの世へ旅立たれた後、先生が蒐集したコレクションがご遺族により2010年6月に東海大学へ寄贈されました。東海大学は日本有数のエジプトコレクションを有する教育機関となり、現在は「古代エジプト及び中近東コレクション（略称AENET）」として文学部にて管理されています。これらの貴重な資料を大切に保管し、人類の遺産として次世代に伝えることが本学の使命です。さらに、コレクション資料は全国の博物館美術館施設の展覧会に出陳されているだけではなく、大学の教育教材として文化財保存や考古学、そして博物館学の授業内で活用されているほか、一般の方々の教育啓蒙活動普及資料としても役立っています。

愛用の椅子と研究書の置かれた机

衛星データで知る古代エジプト

中野良志

　気象地球観測衛星DMSPが捉えたアフリカ大陸の夜の画像（下図）を見ると、エジプトを南北に縦断する蛇行した灯りの列が目を引きます。列の北端は地中海に向かって蓮の花のように広がっています。灯りの分布は人間活動と相関があり、エジプトでは人口がこの地域に集中しています。これが世界最長で全長約6695 kmのナイル川とナイルデルタです。

　ナイルデルタとナイル川に沿って広がる砂漠を広域観測衛星"Terra"が最近捉えた画像（次頁図）で見てみましょう。"Terra"は、MODISと呼ばれる多波長センサーによって可視域から人間の肉眼では見ることのできない赤外波長域までの光を捉え、約2000 km幅で全地球を観測しています。この画像は、可視域と赤外波長域の画像を青・緑・赤の3原色にあてはめ、地上の様子をカラー画像として表現したものです。各波長帯の特徴を生かし、樹木や草などの植生分布は緑色に、砂漠は地質の違いが分かりやすい波長帯の組み合わせを選択しました。エジプトの人々が暮らす場所は、主にナイル河川敷やデルタ地帯の濃い緑色の領域と、ビル等の建物が集中するグレー色の市街地領域であり、最も大きなグレー色の塊は大都市カイロです。地表の反射特性の違いが多彩な色や模様となって現れている砂漠、そこには砂砂漠だけでなく、礫砂

気象地球観測衛星DMSPが捉えたアフリカ大陸の夜の画像
ⓒNOAA NGDC 画像処理：東海大学情報技術センター

広域観測衛星 "Terra" が捉えたナイル川流域　ⓒ NASA　画像処理：東海大学情報技術センター

漠や岩石砂漠があります。オアシスや地下水を蓄えた砂漠の地表面には僅かながら緑地帯も見られます。

1999年、アメリカのスペースシャトルは世界の陸域の精密な地形データを捉えるためにレーダー波による観測を行いました。観測成果はSRTM_DEM[※1]と呼ばれ、ネット上で公開されています。下の画像は、SRTM_DEMデータを使い、地上の凹凸を目視できるよう陰影図化して"Terra"の画像に重ねたものです。単なる特殊なカラー合成画像（前頁図）より、ワディ（涸れ谷）の枝分かれ状のパターンや、岩場の直線模様あるいは環状模様などの地形情報を強調して見ることができます。ワディが随所に分布している光景は、かつてこの地に水環境があったことを想わせます。

今、Googleのサイトから世界中の衛星画像を自由に見ることができます。エジプトも場所によっては高精細な画像を見ることが可能です。しかし、衛星画像を見るだけでは砂漠に埋もれたピラミッドを発見することは困難です。厖大な歴史的資料を集め、古い時代の環境や当時の人々の生活を調べた上で、衛星画像の的確な処理が必要になってきます。衛星データを使った古代エジプト遺跡の調査では、時には最新の衛星画像と一緒に約50年前に撮影された衛星写真も携え、現地へ赴きます。エジプトにはまだまだ未発見の遺跡が砂漠の下やデルタ地帯に眠っているのです。

※1：Shuttle Radar Topography Mission Digital Elevation Model＝スペースシャトル搭載レーダーによって地球の詳細な数値標高モデル作製を目的としたミッション

ナイル川と砂漠（Terra MODISとSRTM_DEMを合成処理することで砂漠地形を強調）
ⓒ NASA 画像処理：東海大学情報技術センター

[解説編]

Longing for Eternal Life

来世への願い
——あの世で再び生まれ変わるために

I 来世への願い―あの世で再び生まれ変わるために

山花京子

　古代エジプトというと、「ミイラ」、「ツタンカーメン」、「ピラミッド」、「スフィンクス」などを思い浮かべる人が多いのではないでしょうか。

　紀元前に栄えた古代エジプト文明は、その壮大な建造物や特異な美術表現によって多くの人々を魅了してきました。人々の「知りたい」という欲求は「エジプト学」という学問に発展し、研究が進められてきました。

　しかし、これほど研究が進んでも本当に古代エジプトを理解していると言えるでしょうか。私たちが古代エジプトを理解するために物証として使っている遺物や遺構はほとんど「王」と「神」と「来世」に直結しています。つまり、逆を言えば一般の人々の生活や信仰についてはまだ不明なところが多くあるのです。

　古代エジプト社会の支配階層の人たちが「王」、「神」、「来世」について持っていたイメージは3000年以上続く古代エジプトの精神文化の根幹を形作っていました。その代表的なものが、来世のために生身の身体を保存しておく、いわゆる「ミイラ作り」です。

　古代エジプト全土を統一する支配者が出現する以前の「先王朝時代」といわれる時代においては、死者の骸は簡素な竪穴に屈葬されるのが主でした。しかし、この時代においても「人間は死んでなお地下で生きる」との考えがあったようです。死者は昼間のうちに墓地に葬られます。竪穴に横たえられた死者の上には砂漠の熱い砂が大量にかけられたため、遺体は腐敗するよりも前に水分を奪われ自然乾燥ミイラとなりました。夜になると砂漠には山犬などの死肉を貪る動物が徘徊し、最近埋葬された遺体を容赦なく掘り返します。おそらくナイル河畔に住む人々は墓地へ行く度に、動物によって荒らされた墓穴から自然乾燥ミイラが覗いているところを発見し、「死んだ」はずの人々が地下で生前と同じ姿で「生きている」と認識したのではないでしょうか。先王朝時代の人々は死者の傍らに飲料や食糧を皿や容器に入れ副葬するようになりました。「あの世」での生活があるとすると、その生活に不可欠な飲料や食糧を捧げるのはごく当然のことです。

　しかしながら、死後も砂漠の墓穴の中で常に「生きた形」を保てるとは限りません。土中の水分が多い場合や棺や皮革などで覆って厚葬

を行った結果、内側に籠った水蒸気によって遺体は腐敗して骨だけになってしまうことを学びました。こういった経験を経て、古代の人たちは死者を「生きた形」に保てるよう試行錯誤を始めます。エジプトに統一王朝ができた後の初期王朝時代はまさにこの試行錯誤の時期でもありました。古王国時代初期（第3王朝）になると、一旦骨だけの状態にした遺骸に包帯を巻いて肉付けし、目玉も包帯で作り、それらの部分を包帯でつなぎ合わせて人間の形としたり、遺体の上に水に溶いた石膏を伸ばして死者の形を忠実に写し取ったものもあります。腐りやすい臓器を取り出してミイラ作りを行う方法は第4王朝クフ王の母ヘテプヘレスの頃から始まったと言われています。内臓を取り出してしまうほうが効率よく乾燥させることができるからです。内臓を取り出した後、内臓容器（カノポス壺）に保管し、遺体は別途処理を行い、包帯や石膏で遺体を覆った後、木棺に納める埋葬方法が主流となりました。

　内臓容器の壺は初期の頃から4つ存在していました。これは肺、胃、肝臓、腸を入れるためのもので、容器の蓋にはヒヒ頭（ハピ）、山犬頭（ドゥアムテフ）、人頭（イムセティ）、ハヤブサ頭（ケベスセヌエフ）（後に「ホルスの4人の息子たち」と呼ばれる守護神たち）の形象が施されるようになりました。ヒヒ頭のハピは肺を、山犬頭のドゥアムテフは胃、人頭のイムセティ（図版4（SK196））は肝臓を、そしてハヤブサ頭のケベスセヌエフは腸を守護する役割を担っていますが、実際にカノポス壺に入れられた臓器と蓋の守護神とが一致している例はそれほど多くはないようです。カノポス壺は4つでセットとして扱われ、王や王族などの墓にはカノポス壺を入れる石製や木製の箱も備わっていました。図版5（SK195）のカノポス容器箱には「ホルスの4人の息子たち」の名が記されています。

　ピラミッド時代が終わり、古王国時代から中王国時代へと移り変わる頃、ミイラ作りの方法も標準化しました。遺体の処理を終えた後、体中に包帯を巻きその上に死者の顔を象ったマスクを被せ木棺や石棺に納めるようになりました。このとき、遺体には生前の社会的地位や役職を現すような装飾品がつけられ、これが後の時代に死者が身につける護符へと発展します。中王国時代の縦長矩形の棺の外側には死者の名、役職、家族関係、副葬品、偽扉とウジャト眼（魂の通り道）（図版9（SK371-375））、そして棺の内側には来世への道案内（コフィン・テキスト）などが記されるようになります。中王国時代の棺装飾は、棺が死者を納める箱としての役割を果たすだけではなく、遺体を保護するための砦であり、死者の現世と来世をつなぐ戸口であり、棺

内は来世を表現していると言っても過言ではないでしょう。

　ヘルモポリスの州候たちの墓所ディール・エル＝ベルシェ出土のコフィン・テキストの内側に描かれた「二つの道の書」には、棺の内側にあの世で死者が通る道が具体的に図化されています。それによると、来世には「陸」と「水」の場所があり、火の湖や越え難い丘があるといった地形的な情報が描写されているだけではなく、あの世に住んでいる魔物の前を無傷で通過するために唱えるべき「正しい名前」も記されています。つまり、コフィン・テキストは死者が無事に甦りを果たすための「手引書」と解釈されています。

ディル・エル＝ベルシェ出土　ソビの棺に描かれた「二つの道の書」　ルーブル美術館所蔵
© YAMAHANA

　この時代にはすでに来世に対する具体的なビジョンが形成されていたようで、同時代に書かれた文学の中にも来世に言及したものがあります。たとえば、厭世文学として名高い『男とバー（魂）との会話（ベルリン・パピルス3024）』には、自殺をしようとしている男をその男のバー（魂）が止めようと説得を試みる場面があります。しかし、その男は死に対するあこがれを次のように語ります。「現世は通り道に過ぎない。木の葉が落ちるように（Line 22）。（中略）今日、死は私の前にある。ミルラの香りのように（かぐわしい）。風のある日に（船）の帆下に座るように（心地よい）。今日、死は私の前にある。水蓮の花のように。酔っ払って座り込むときのように。今日、死は私の前にある。よく知っている道のように。戦場から家に戻る兵士のように（Line 130-140）（以下略）（Lichtheim, M., 1975, 163-169, 山花訳）。」と述べています。この文学作品からは、住みにくい現世よりも、住み慣れた家のような安心感のある来世に期待が寄せられていることがわかります。

　中王国時代の埋葬においては、現世の生活に不可欠な食糧生産場面—パンやビール工房、食肉加工場、織物工房、漁撈場面—などの他に、被葬者が生前に監督していた業務場面や邸宅、さらには被葬者があの世でアビュドスに巡礼を行う際の船の立体模型なども副葬されました。また、図版19（SK161）、図版20（SK102-8,9）、図版21（SK200）のような奉献用の土器なども作られています。

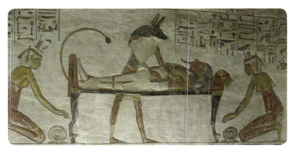

新王国時代シブタハ墓の壁画より ミイラ作りの場面
© YAMAHANA

続く新王国時代から第3中間期になると来世観は以前の時代よりも具体的になります。遺体をミイラにする過程で瀝青などの防腐剤を使い、乾燥後ふっくらとした表情を出す工夫や化粧も施されるようになり、ミイラ作りはまさに完成の域に達します。ハリカリナッソスのヘロドトスは紀元前450年頃にエジプトを訪れ、その見聞録を残していますが、その中にはミイラには3等級のつくり方があったと書いています。もっともよい等級では、ミイラは内臓を取り出された後ナトロンと呼ばれるナトリウム化合物の中に漬け、強制脱水した後、乾燥させた遺体に包帯を巻いて仕上げました。死者には家の経済状況や社会的地位に相応な棺や埋葬場所が準備されました。

死者は人形棺の中に安置され、人形棺の内外面は色彩豊かな葬祭文書や神々の描写で覆われるようになります。死者は多くの護符（図版11（SK186））とともに幾重の包帯に巻かれ、棺の胸元には天空の女神ヌートが翼を広げ、他の神々も死者に祝福を与え永遠の守護を約束する場面が描かれます。本学コレクション図版1（SK187）は木棺の蓋部分ですが、ここには死者の顔と死者が来世で神と合一したことを示す独特の髪形「三部式鬘」をしており、頭にはスカラベ―日の出の太陽を運ぶ聖甲虫（図版8（SK359-363））―が死者の再生のために地平線から太陽を押し上げている場面を現しています。死者は昇る太陽を受けて再生するとされており、この場面には甦りへの祈りがこめられていることがわかります。

心臓計量の図「死者の書」より（トレース伊井）

図版89（SK116-005 recto）「死者の書」より

図版1（SK187）

　死者が葬送の儀式を終えた後来世に辿り着くまでの様子は「死者の書」に記されています。それによると、死者はまず山犬頭のアヌビス神に連れられ、神々による審判の場へ赴きます。そこでは死者の生前の行いを審判する48柱の神々が並ぶ中、死者の心臓を天秤にかけます。死者の心臓の反対側には「真実」を意味するマート女神の象徴物であるダチョウの羽が載っています。死者はそこで「否定告白」という告白を行い、神々に対して潔白を訴えます。天秤がすこしでも傾くと、その死者は生前に悪行を働いたことになり、天秤の傍にいる怪物アムムトに食べられてしまい影も形もなくなってしまいます。こうなると死者にはもう来世での甦りは約束されません。永久なる消滅は古代エジプト人が最も怖れたことでした。一方、天秤がつりあうと、生前に善行の人として来世に迎え入れられる資格ができます。この記録はトキ頭のトト神によって書き留められた後、死者は王権の神である

新王国時代メルエンプタハ王墓入口に描かれた2態の太陽　©YAMAHANA

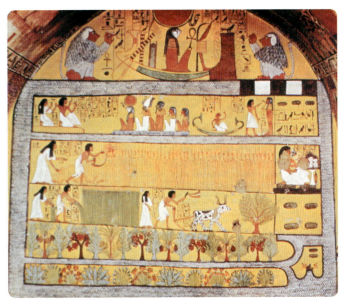

図版2（SK191）　　　　　　テーベ西岸　センネフェル墓壁画「イアルの野」　Ⓒ YAMAHANA

　ハヤブサ頭のホルス神に手を引かれて冥界の主オシリス神のところへ導かれます。オシリス神は死者に祝福を与え、晴れて死者は来世に行くことができるのです。

　私人の来世は「イアルの野」、または「葦の野」と呼ばれる楽園で過ごします。そこには渇きを癒す水や実をつける果物があり、死者は「善い死人」として神々に礼拝をしたり、農耕や灌漑作業に従事します。ただし、社会の上層の人たちは生前に農耕や堤防の修理など行ったことがないため、墓には「ウシャブティ（またはシャブティ）」と呼ばれるミイラ形の小人形（図版2、3（SK191,192））を副葬し、仕事の際にはウシャブティを召喚し作業をさせました。ウシャブティのウシャブとは「答える」という動詞から派生していると言われ、墓の主人が召喚すると「はい、私はここにいます。」と答えて主人の代わりの労役を担います。

　一方、王の死後は私人ほど悠長ではいられませんでした。王家の谷の王墓壁画の「アムドゥアトの書」に描かれているように、王は死後太陽神ラーと同じ聖船に乗り夜（冥界）の12の区切りを神々の助けによって無事に超え自らも再生し、再び東の空に甦らなければなりませんでした。王は生前も死後も天体の運行を滞りなく行い、宇宙の秩序を守る役割を担っていたのです。

トゥトアンクアメン第2の棺　カイロ　エジプト博物館　　あの世の楽園とはこのようなイメージだったのだろうか
ⓒ YAMAHANA　　　　　　　　　　　　　　　　　　　　ⓒ ETAYA

主要参考文献：

Lichtheim, M.,
1975　　*Ancient Egyptian Literature*, Vol. I, University of California Press
Berkley Los Angeles London

1　人形棺蓋片　Coffin Lid fragment
（エジプト　第3中間期）
材質：木、漆喰、布、泥　サイズ(cm)：H 51, W 29, T 10
三部式鬘を被り、額の上に守護の女神の翼と再生の象徴スカラベが描かれている。

前面　　　　　　　　　　　　　　　　　　背面

2　タウェレトのウシャブティ　　Ushabti of Taweret
（エジプト　新王国時代末期）
材質：石灰岩　サイズ(cm)：H 21、W 7、T 5.2
　ウシャブティは墓の被葬者に代わって農耕など、あの世で「善き死人」となるために必要な労役を請け負ってくれる身代わりの人形である。三部式の鬘を被り、両手を胸の前で組み、背中に籠を背負っている。胴中央と側面にはタウェレトの名が記されている。ラメセス朝から第3中期のものと思われる。

4　カノポス容器蓋　Lid of Canopic Jar

（エジプト　第3中間期以降）
材質：土器　サイズ(cm)：H 14.3、W 14.2、T 12.3
ミイラづくりの際に死者の内臓を保管する容器で、人頭のイムセティ神を表現している。カノポス容器は4つあり、「ホルスの4人の息子たち」という神々がそれぞれの臓器を入れた壺を守護していた。

3　ワハイブレーのウシャブティ　Ushabti of Wahibre

（エジプト　末期王朝時代）
材質：ファイアンス　サイズ(cm)：H 11.1、W 2.9、T 2.1
被葬者の名はワハイブレーで、第26王朝時代に多い名である。緑青色の分厚い釉が施されているため、細部の表現は粗い。母の名は欠損している。

右側面

前面

左側面

背面

5　カノポス容器箱　Canopic Box

（エジプト　プトレマイオス朝～ローマ属領時代）
材質：木、彩色　サイズ(cm)：H 44、W 31、T 25
下エジプトのブトの聖堂型の箱で、蓋を縛るノブがついている。4側面にはそれぞれカノポス容器の4守護神の名が記されている。材木はシカモア樹らしく、木目が粗い。

ディル・エル＝メディーナのギリシア・ローマ属領時代の神殿に描かれたヘリシェフ神　©YAMAHANA

6　ヘリシェフ神　Statuette of god Herishef

（エジプト　末期王朝時代～プトレマイオス朝時代初期）
材質：斑岩　サイズ(cm)：H 6.1、W 10.2、T 3.3

4つの羊頭を持つヘリシェフ神の信仰の中心地はヘルモポリスにあった。4頭の意味は不明だが、4神の混淆または太陽神の4態などと説明される。

7　山羊型形象土器　Goat-shaped spouted vessel

（エジプト　中王国時代）
材質：土器　サイズ(cm)：H 5.5、W 11.3、T 5

形象土器は中王国時代と新王国時代後期に盛んに作られた。乳幼児に対する儀式用という説がある。頭は写実的に形作られ、4肢は浮彫で表現されている。

8 スカラベ　Scarabs

[A]
(エジプト　新王国時代（第18王朝））
材質：施釉凍石　サイズ(cm)：H 1.5、W 1.2、T 0.9
縦方向の孔に紐などを通して、リングあるいはペンダントとして使用した。印面はアクエンアテン王の名 (nfr-ḫprw-Rʿ, wʿ-n-Rʿ) sḥtp Itn と読める。

[B]
(エジプト　新王国時代（第18王朝））
材質：施釉凍石　サイズ(cm)：H 1.9、W 1.1、T 0.8
丁寧なつくりで、スカベラの描写も精緻である。縦方向の孔に紐などを通して、リングあるいはペンダントとして使用した。印面にはトトメス3世の名 nṯr-nfr nb t3wy (Mn-ḫpr-Rʿ) mn-mnw が読み取れる。

[C]
(エジプト　中王国時代〜第2中間期)
材質：施釉凍石　サイズ(cm)：H 2、W 1.3、T 0.8
印面はアンク、ウァス、王冠、ネフェルなどの吉祥文字をロゼットを中心に対象に配置している。

[D]
(エジプト　中王国時代以降)
材質：施釉凍石　サイズ(cm)：H 1.8、W 1.3、T 0.8
印面には古代エジプト国家を象徴する黄金の台座上のミツバチと太陽円盤があらわされている。裏面は簡素。

[E]
(エジプト　新王国時代（第18王朝））
材質：施釉凍石　サイズ(cm)：H 1.6、W 1.2、T 0.9
印面にはアクエンアテンの名 nṯr-nfr nb t3wy (nfr-ḫprw-Rʿ, wʿ-n-Rʿ nbḫ3 swt nbt) が記されており、この王が外国を含めた全ての国を統べる者と表現されている。

9 ウジャト眼護符　Wdjat amulet

[A]
（エジプト　第3中間期以降）
材質：ファイアンス　サイズ(cm)：H 3.6, W 3, T 0.7
ウジャトはホルス神の眼を表し、完全な状態を象徴する聖眼である。傷を治癒し元通りに戻す働きがあるため、死者とともに副葬されることも多かった。『死者の書』167章には、ミイラに装着するべきものと書かれている。

[B]
（エジプト　末期王朝時代以降）
材質：ファイアンス　サイズ(cm)：H 2.2, W 1.5, T 0.5
右眼を表現したウジャト眼護符。型作りにより、眉や眼の輪郭が浮彫のように表現されている。

[C]
（エジプト　第3中間期）
材質：ファイアンス　サイズ(cm)：H 1.1, W 1, T 0.3
ウジャト眼護符は右眼を表すことが多いが、両面に浮彫が施され、左右の眼を同時にあらわすものもある。本資料は透かし彫り技法によるもの。

[D]
（エジプト　第3中間期以降）
材質：ファイアンス　サイズ(cm)：H 1.7, W 1.4, T 0.4
右眼を表現しているウジャト眼護符。眉と黒目部分は黒色（マンガン）で彩色されている。

[E]
（エジプト　末期王朝時代以降）
材質：ファイアンス　サイズ(cm)：H 2.4, W 1.4, T 0.4
両面に眉と目が線刻として表現されている。

10　小像　Figurine

（東地中海沿岸地域　プトレマイオス朝時代）
材質：石灰岩　サイズ(cm)：H 5.5、W 2.5、T 4.3

男性器を強調している本資料は豊饒祈願のための奉納用小像であると考えられている。この頃東地中海全域に広がったオシリスとイシス信仰と関連があるといわれる。全体に赤色顔料の痕跡がある。

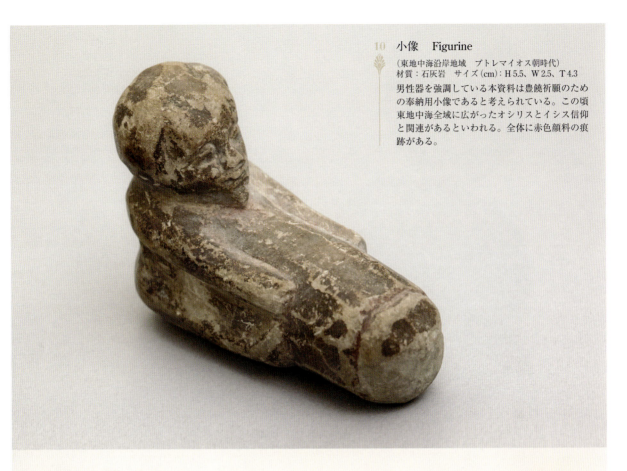

11　木棺部分（手）　Hand from a wooden coffin

（エジプト　新王国時代初期〜第3中間期初期）
材質：木　サイズ(cm)：H 20、W 13.5、T 4.5

人型棺の上蓋の表面で組んだ両手のうち右手である。イシス女神の結び目ティト護符を持つ。左手はオシリス神のジェド柱を持っていたはずである。『死者の書』第156章には、イシス女神の血の色の護符（赤色碧玉）を置くよう述べられている。

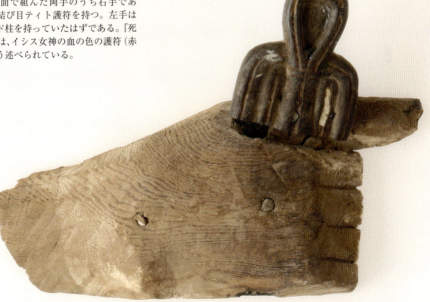

12 ホルス神の眼を捧持するヒヒ像
Baboon holding Wdjat eye

(エジプト　末期王朝時代～プトレマイオス朝時代初期)
材質：木・布・青銅　サイズ(cm)：H 27、W 9、T 17

ヒヒの姿で表現されている神（知恵の神トト）で、頭上に日輪を戴き手にはホルス神の眼（ウジャト眼）を持つ。トトは姿を隠してしまったホルス神の右目を探す役割を担っていた。大部分は木製で白色プラスターと青のエジプシャンブルーを使って彩色されているが、日輪とウジャト眼は青銅の別パーツでできており、尻尾などは布に樹脂をしみこませて形を整えている。

トト神の聖地ヘリオポリス・マグナ（トゥナ・エル＝ゲベル）の所縁の像かも知れない。

COLUMN
「セド祭」、「食神讃歌」と魂の甦り

山花京子

　王は常に権力の頂点に座るために神々との密接な関係を人民に知らしめておく必要がありました。王は自然界の動物が持つ超自然的力や、神々の霊力を併せ持つことで、「人であり神である＝現人神」として自然界の秩序を司り、人々を統治していました。

　しかし、絶対的な王権を誇った王でも、体力の衰えとともに精悍さや求心力が失われて行くのはどこの国や時代においても同じです。特に古代世界において王の条件は人心をまとめる能力と身体的能力の高さに求められていました。それでは、身体の衰えを感じ始めた王は彼自身の王権の正当性を人民に周知するために、どのようなことを行ったのでしょうか。この問いに対する答えは古代エジプトでは見つけにくいのですが、白ナイル流域に住むシルック族の民俗例をフレイザーは『金枝篇』の中で以下のように述べています。

※

　衰弱や老衰の最初の兆候が現れるとともに神的な王を抹殺する習慣は、白ナイルのシルック族の社会ではつい最近までおこなわれていた。シルック族の心情の基本的条項は、神的なあるいは半神的なニャカング（シルック族の始祖）の霊が王に受肉するということである。したがって、王はある程度の神的性格をその身に賦与されている。ところで彼らは、その王を戴いている間は事実上宗教的な尊崇を示し、不慮の死を遂げることのないようにとあらゆる配慮を怠らないのではあるけれども、「その衰えていく精力のゆえに家畜が病気になって繁栄がとまったり、作物が畑で腐ったり、人間が病気で死んだりすることのないように、王たるものは病気にかかったり老衰したりすることを許されるべきではないとの確信を」抱いている。このような厄災を防ぐためには、王の身に不健康や老衰の兆しが現れ始めたときに、早速これを抹殺するのがシルック族の習慣であった。衰弱の最も著しい兆候は、その妻の性欲を満足させてあげられる力のなくなることである。妻といっても一人だけではなく、数限りもなくファショダに建てられた家に養われていたのである。この不吉な兆候が顕われると、妻たちはそのことを長老たちに報告する。長老たちはこの運命を王に告げ知らせるため、暑苦しい午後昼寝をしている彼の顔とひざに白い布を掛けたといわれる。形の執行は死の宣告の直後である。このため特に1つの小屋が建てられる。王はこの小屋に導かれ、妙齢の娘のひざを枕に横臥する。小屋の出入り口が塗り固められる。こうしてこの二人は食物も水も火も与え

られず、餓死と窒息とで死ぬまで放置されるのである（フレイザー、1996 巻2、230-231）。

※

　一見残酷な権力者の交代劇はシルック族だけではなく、世界各地にみられます。王権の交代とは、単に政権の交代というだけではなく、全王の呪術的、肉体的、精神的な力を次世代の王が引き継ぐ意味合いを持っています。

　逆説的にいうと、王は血みどろの王権の交代を起こさないために肉体的、呪術的、精神的な力を持続しておく必要がありました。古代エジプトには「セド祭」と呼ばれる王位更新祭が初期王朝時代より執り行われていました。サッカーラの第3王朝ジェセル（ネチェリケト）王のピラミッド複合体にはセド祭に使われたと思しき場所が発見されています。そこは現在の陸上競技場のトラックのような楕円形の広場があり、楕円のカーブしている場所にBの形をした境界石が置かれています。王はそのトラックを走り回り、王の体力や気力が健在であることを大衆に向かって示さなければなりませんでした。初期の頃は30年に一度、この儀式を行い王位を更新していましたが、次第に数年に一度となり、最終的には儀式のみが形骸化して残ります。王位更新の儀式の形骸化は国の運営が王主体から官僚組織主体へと移り変わったことによって、王は年老いてリーダーシップが発揮できなくても、王の権力を代わりに執行してくれる政治組織が確立したことによります。

ジェセル王階段ピラミッド地下のセド祭浮彫
サッカーラ　イムヘテプ博物館所蔵（トレース伊井）

　それでは王位更新をする際に王の身体能力をことさら強調しておく必要はどこにあったのでしょうか。

　古代エジプト史上初めて王墓に刻まれた「ピラミッド・テキスト」は古王国時代第5王朝のウニス（ウナス）王に始まり、その後の第5〜6王朝の王や王族のピラミッド壁面に刻まれるようになりました。ピラミッド・テキストとは、王が死後冥界の神オシリスに迎え入れられる主題と王が神々と合一し、太陽神の船に同乗し天空を航行する主題に則った呪文の集大成です。呪文273-274には次のような文言があります。

※

273（400）
ウナスは人を食らい、神々をその食卓に載せる者
ウナスは指令を運ぶ伝令たちの主

ケハウの「髦を捕まえる者（神）」はウナスのために投げ輪を打つ。

「頭をもたげた蛇（神）」は（ウナス）を守護し、彼らを抑える。

「柳の上にいる者（神）」は（ウナスのために）彼らを縛る。

主に使える屠殺者「コンス」はウナスのために彼らの喉を裂き、内臓を取り出す。

彼は罰するために送り込まれた使者である。

(403)「シェスム」はウナスのために切り分け、彼の食卓の壺に食事を準備する。

ウナスは彼らの呪力を食らい、霊力を呑み込む。

大きなもの（神）は彼の朝食に、

中くらいのものは彼の夕食に、

小さなものは彼の夜食に、

そしてもっとも年老いた男女は

(405) 年老いた者たちの太腿が入った甕のための燃料として、

空に住む者たちがウナスに仕えるために、

そして甕の（中の）女性たちの太腿は彼の（食卓に）出されるために。

（中略）

ウナスは天に再び昇った。

彼は光の国の主として戴冠した。

彼は骨と髄を砕き、

神々の心臓を捕えた。

彼は「赤冠」を食らい、「緑の者（ウアジェト女神）」を呑み込んだ。

ウナスは賢者の肺を食べ、

彼らの心臓と呪力を糧に生きるかの如くに。

(411) ウナスは「赤冠」の渦巻き（セベジュー）舐めるのを嫌うが、

彼らの呪力を腹に納めることに歓喜する。

ウナスの威厳は彼から取り去られることはない。

なぜならば彼はすべての神の知恵を呑み込んだからである。

ウナスの生は終わり、彼の限界は無限となる。

彼の威厳ある「彼は望めば成り、そして望まざれば成さざらん」によって

彼は永遠の光の国に住む。

(413) 見よ、彼らの力はウナスの腹中にあり。

彼らの霊力は神々の煮汁としてウナスの前にあり、

彼らの骨から煮出して作られた。

（以下略）

Lichtheim, M.,
1975　*Ancient Egyptian Literature*, Vol. I, University of California Press, pp.37-38 より山花訳

※

　ここに記されたのは「食神讃歌」と呼ばれるもので、ウナス王は天空に昇り、神々を食することでパワーを得ると述べられています。

　フレイザーは『金枝篇』（1996：巻4、40-41）の中で、食人儀礼は世界のいたるところの民俗例として存在するとし、ト・ラランキ族やイロンゴト族、ズールー族などの事例を紹介しました。中でも、ニュージーランドでは、戦士が族長を殺すとその戦士は即座に族長の両目を抉り出して呑みこむことで族長の持つ神性が戦士の身体に宿ると信じられていました。フレイザーはこれらの事例の分析から、神的な霊力の宿る動物や人間を食することで自らの体内にその霊力を取り込み、「神の属性と力にあずかる」行為であり、これは一見野蛮に見えるけれども、豊饒神の象徴物であるパンとワインを神聖なものとして自らの口に含む行為とは本質的に同じであると述べているのです（巻4、41）。

　つまり、王朝時代の「セド祭」の前身は上記のような呪力や霊力の優れた者の力を自らに取り込み、王権保持者としての正当性を示すための儀式ではなかったのか、と考えられています。

　「セド祭」では、王は二重冠（上エジプトの象徴である白冠と下エジプトの象徴である赤冠を組み合わせた冠）を戴き、長衣を着て天蓋のあるパビリオンに座し、上下エジプトの地方神たちが見守る前で何らかの儀式を執り行い、その後王は上述の通り境界石の周囲を走ります。「セド祭」の描写は第3王朝時代のジェセル王より第22王朝時代オソルコン2世まで続き、祭の遂行によって王は再び神々より上下エジプト王として承認を受け、王権を確固たるものとしていました。

主要参考文献：

フレイザー J.G., 著　永橋卓介訳
1996　　『金枝篇』岩波文庫　全5巻　東京
Lichtheim, M.,
1975　　*Ancient Egyptian Literature*, Vol. I, University of California Press Berkley Los Angeles London

[解説編]

Long Live!
Ancient Food and Diet

「永遠に生きよ！」
―古代の食生活

II 「永遠に生きよ！」―古代の食生活

山花京子

人々がナイル河畔に定住し始めたのは今から10万年前の頃です。2万2000年前頃の代表的な遺跡ワディ・クバニヤでは、ナイル川の増水期にはナマズ漁、冬の時期には植物の根をすりつぶして食用にし、生活していた痕跡が発見されています。しかし、アフリカ大陸北部に起きた乾燥化で1万4000年から1万年前までは人類の活動の痕跡がありません。紀元前7000年頃から再び湿潤期に入り、王朝文化へと繋がる人々の定住がはじまりました。

ナイル川と氾濫原の景観 ©YAMAHANA

紀元前6000年頃にはスーダンで狩猟採集民の生活の痕跡が見られます。先王朝時代最古の文化といわれるバダリ文化は紀元前5000年頃から始まりますが、まだ狩猟生活が色濃く残っていたようです。

一方、下エジプト（北部エジプト）では紀元前6000年頃まではファイユーム地方に旧石器時代のファイユームB文化、そして紀元前5000年以降、下エジプトで最古の先王朝文化ファイユームA文化が始まります。ファイユームA文化では、狩猟も農耕も行っていたようですが、主要なのはエンマー小麦や六条大麦でした。つまり、ほぼ同時代に上エジプトでは狩猟採集の生活、一方の下エジプトでは穀物の栽培に重きを置いた生活をしていたということが言えます。下エジプトでは西アジア地方の影響を強く受けた文化が存在し、同時に地中海性気候の作物である小麦や大麦の栽培が始まっていました。中尾佐助氏によると、大麦、小麦、エンドウ、ビートなどを中心とする地中海農耕文化の作物が後のエジプト王朝時代農業の基盤となる作物です。ナイル河畔へのムギ作伝播について、中尾氏は以下のように述べています。

※

エジプトではムギ作を中心とする強力な地中海農耕文化複合が華を咲かせていたにも関わらず、その農耕文化複合はスーダンあるいは南アフリカまで伝播することはなかった。今になってみると、ケニアでもウガンダでも、南アフリカでも高原地帯できわめて有利にコムギ農業ができる。それ

だのに古代エジプトのときにはその方向へ伝わらなかった。ただエチオピアだけは、だいぶムギ作農業が伝わったが、現在のエチオピアの主食は依然として雑穀のテフである（中尾1987, pp. 167-168）。

※

　中尾氏によると、ナイル渓谷の南部にはサバンナ農耕文化があり（エチオピアセンター）、ササゲ、シコクビエ、ヒョウタン、ゴマ、ミレット、テフなどの主要作物が存在しています。しかし、これらを調理して食する場合は水を使って煮炊きをする必要があるため、土器の出現を生みます。上ヌビアの初期カルトゥーム土器文化（紀元前8000年説と紀元前6500～5000年開始説がある）はこのような雑穀を主食とする食生活のためだと考えられています。

　一方、地中海農耕文化より伝わったムギ作は、堅い籾殻を除去しなければ食することができません。したがって、籾を叩き潰す、あるいはすりつぶす必要があり粉食が発達しました。粉食の場合は水で練った練粉を直接火にかけると調理ができるため、煮炊き用の土器は必ずしも必要ではありません。先王朝時代のエジプトではスプーンや匙の類が多く出土していますが、統一王朝出現の頃になると激減します。パン食の習慣が粥食のような水気の多い食事にとってかわったのではないかと推測されています。

現代の水貯蔵用の甕（左）と調理用土器（右）ミニア県にて　ⓒYAMAHANA

　古代エジプトに王朝が誕生した頃のパンは、現代の中東地域で多くみられるような、練粉を平たくして窯の内壁に貼りつけて焼く薄型のパン（現代のエジプトではアエシと呼びます）ではなく、蒸しパンに近いものでした。王朝時代が始まった頃のパンは、ベジャと呼ばれる大型パンが造られています。ベジャを焼く専用の土器はピラミッド時代でも使われており、筆者が発掘に参加していたギザのカフラー王と

サッカーラのティの墓より パンとビールづくりの場面 最下段に繰り返し描かれている器がベジャ土器である（トレース：伊井）。

　メンカウラー王の労働者の街からは口径が30 cmほどもある大きくて器壁が厚いベジャ土器が出土しています。

　当時のパン作りはサッカーラの第5王朝時代のティの墓に浮彫が残されていますが、それによると、まず火にくべて熱くしたベジャ容器の中に小麦粉に水を入れて溶いた練り粉を入れ、その容器の上に同じく予熱したベジャ容器を逆さにかぶせて蓋をし、土器の余熱でパンを焼きました。現代の感覚では蒸しパンに近いものが出来上がったようです。ただ、ベジャ容器が大きくなればなるほど土器の余熱では十分に火が通らないため、ベジャ容器を上下に重ねた上にさらに火のついた炭を被せ熱を供給したと考えられています。図版21（SK199）、図版82（SK200）の供物盆や図版22（SK201）の供物台には死者への供物としてパンがあらわされています。

　また、前述のティ墓壁画にはパン作りの場面の上段にはビール造りも描かれています。中王国時代の墓副葬品の工房模型からもパンとビール造りが並行してあらわされていることから、古代エジプトではパンとビール造りは密接な関連を持っていたことがわかります。つまり、パンはパンとして食べられるだけではなく、ビール造りの原材料にもなっていました。古代エジプト風のビールの作り方は、まず大きな水甕を用意し、そこにパンを千切り入れます。エジプトは暑い国であるため、水甕を天日の当たる場所に置いておくとすぐに水が温かくなります。パンの酵母菌は温かい水の中でさらに発酵し、アルコール

を作り出します。その後、中身を別の甕に移しますが、その際には篩を使って不要なものを濾し取り、最終的には一度熱を加えて発酵止めをしてから小さな容器（図版13（SK5-1））に詰め替えられ、飲用に供されました。このように、大まかな手順はわかっていますが、発酵をさせる期間や温度などの詳細は不明です。ビールとはいえ、現在私たちが口にするビールとは全く違うもので、製造方法そのものはワインに近いといえましょう。ビールを入れるための小さな粗製容器は初期王朝時代に上述のベジャ容器の出現とほぼ同時期に突然現れます。容器の外側は余分な粘土を手で削ぎ取っただけで、まだ指の痕さえ残っています。かろうじて口縁部分のみに調整の痕がある土器は当時存在していたエジプト土器タイプの中でも特異な部類に入ります。このような粗製土器は生者の痕跡を残す住居址から発掘されることが多いため、一般の消費活動に使われる土器は粗製（図版13（SK5-1）、図版15（SK103-6））であったのに対し、均整のとれた形と丁寧な表面調整が行われた土器は墓の副葬品や祭礼用品として使われたという説もあります。本学コレクションの黒頂土器（本展示会には出品されません）は轆轤（ろくろ）が出現するよりはるか以前の先王朝時代の土器ですが、器壁の薄さや表面調整の細かさ、そして器面の色のコントラストはベジャ土器やビール壺よりははるかに手間がかかっていることを示しています。このような美術的視点からみて価値の高い容器は墓から多く発見されています。

　パンとビールの他に古代エジプトにおいて代表的な飲料としてワインが挙げられます。ワインは第1王朝の王墓に多くのワイン壺が副葬されており、主にパレスチナ方面から奢侈品として輸入されていたことが判明しています。年間降水量が20 mmにも満たない砂漠気候のエジプトですから、上エジプトでブドウを栽培するのは困難です。統一王朝が始まった後、古王国時代頃にはデルタでブドウを栽培してワインを造っています。エジプト国土の中で、デルタ地帯だけは地中海性気候に属しブドウが生育するからです。以来、ワインはエジプトの特に上層階級の人たちの中で一般的な飲料となりました。図版14（SK148）尖底部分が澱を沈殿させるための初期のワイン壺と同じ形をしているため、おそらくワインを貯蔵するための大型壺と見なされています。

　古代エジプトの季節は3つに区分されています。基準になるものは毎年定期的におこるナイル川の増水です。増水現象は毎年7月19日頃から10月中旬にかけてあり、河縁の緑地帯（氾濫原）は3〜4ヶ月ほ

黒頂土器 SK125

テーベ西岸センネフェル墓壁画
イチジクの木より顕れた女神によって水と食料を授けられる（左）ナツメヤシの木と実（右）
ⓒYAMAHANA

ど冠水します。古代エジプト語では「アケト（増水期）」の季節で、次の季節（11月～3月）「ペレト（播種期）」には、人々は図版23の（SK275, 276）鍬や鋤などを使って地面を掘りおこしてエンマー小麦、六条大麦、亜麻そしてヒヨコ豆などの種を播きました。そして次の季節「シェムゥ（収穫期）」は夏の時期（4月～7月頃）となり、小麦や大麦などの主要商品作物の収穫が行われると同時に玉ねぎや家畜の飼料となるクローバーなどが作られました。

　水の供給のある場所ではナツメヤシ、ドムヤシ、ザクロ、イチジク、キャロブ（イナゴマメ）、ブドウなどの果樹も栽培されていました。養蜂も行われ、ハチミツは食用あるいは甘味料、蜜蝋は工芸などに利用されました。

　古代エジプトの墓壁画には市場の場面もあり、そこでは様々な品物が取引されています。壁画に描かれている品物は上記の果物に加え、キュウリやメロンなどの瓜類やレタスや青ネギなどの青物類、チーズなどの発酵食品も店頭に並んでいたと考えられています。動物や植物から抽出した油も使われていました。紀元後2世紀のディオスコリデスが著した植物リストには100種類以上の植物が挙げられており、それらの中には王朝時代のエジプトに存在していたものもあったようです。また、現代エジプトの料理ではマメ類が多く使われています。トゥトアンクアメン王墓からもエンドウ豆などの豆類が多く発見されていることから、豆料理も豊富であったと推察できます。

　動物性蛋白源は主に魚類で、魚の切り身、干魚、鳥肉、鳥卵などがありました。牛肉は特別な食材と見なされ、神々や死者のための供物としてささげられていましたが、庶民が口にすることは滅多にありませんでした。

　現代の料理と同じように、古代にも料理法は存在していましたが、

現代のマーケットにて　ナイル川の賜物　ナイルスズキ？とナマズ（左）と肉屋（右）
ⓒ YAMAHANA

残念なことに古代エジプトの料理本やレシピは残されていません。かろうじて紀元後１世紀のローマのアピキウスが『ローマの料理帖』を著しており、そこに「アレクサンドリア風……」という料理のレシピが幾つかあります。しかし、王朝時代には手に入らなかった食材や香辛料も使っているため、そこから推し量るしかありません。料理法は煮る、蒸す、揚げる、焼く、炙る、潰すなど、現代の我々の慣れ親しんでいる調理法と全く同じです。調味料や薬味には塩、酢、クミン、ニンニク汁、ミント、コリアンダー、ネギなどがありました。アピキウスの時代には「リクアメン」という魚醤が使われていたようです。古代エジプト王朝時代にまで遡れるかは不明ですが、発酵食品の存在は古くから知られていたため魚醤のような調味料があった可能性も否定できません。

主要参考文献：
中尾佐助
1987　　『栽培植物と農耕の起源』岩波書店　東京
Butzer, K.,
1976　　*Early Hydraulic Civilization in Egypt*, Chicago
Apicius, translated by Flower, B., and Rosenbaum, E.,
1980　　*The Roman Cookery Book*, London
Dioscorides, translated by Gooyer, J, edited by Gunther, R.T.,
1934　　*The Greek Herbal of Dioscorides*, Oxford, reprinted in NY, 1959
Shinnie, P.L.,
1996　　*Ancient Nubia*, Kegan Paul International, London and New York

13　ビール壺　Beer jar
（エジプト　初期王朝時代）
材質：土器　サイズ(cm)：H 24.4、W 14、T 1.1
粗製の壺で、器の表面は工人の手の痕が残るほど粗く調整されているが、内側は比較的平滑に整えられている。ビール壺と考えられており、王朝開始時期頃にあらわれる。

14　尖底甕　Jar
（エジプト　東部デルタ　初期王朝時代）
材質：土器　サイズ(cm)：H 74、W 31、T 1.8
伝東部デルタ出土。大型の甕で、尖底の内側底部分に澱がたまるような形になっているため、ワインなどが入っていたと考えられている。

15　調理用壺　Cooking jar
（エジプト？　不明）
材質：土器　サイズ(cm)：H 14.3、W 12.8、T 1.2
表面に煤が付き、底が円形にくりぬかれているため、蒸し料理用に使われたと考えられる。貼付把手が肩部に2か所ついている。

16　コップ形容器　Vessel
（エジプト　古王国時代）
材質：アラバスター　サイズ(cm)：H 12.4、W 8.5、T 0.4
本資料のような形をした石製容器は中王国時代以降になると胴部上半分から口縁部にかけて大きく外反するようになる。本資料は初期の筒形の面影を残している。

17　銘文付壺　Vessel with a heiratic inscription
（エジプト　新王国時代）
材質：土器　サイズ(cm)：H 31.7、W 21.5、T 1.1
液体を貯蔵するための壺。ラメセス朝のものと思われる。肩の部分に釘痕のようなものが2つあり、金属などの異種素材で片把手がついていたと推測できる。インクで mrḥt 油の等級と内容量が書かれている。

18　脚付鉢　Footed vessel with floral decoration
（エジプト　新王国時代）
材質：滑石　サイズ(cm)：H 5、W 14、T 0.5
新王国時代に流行した脚付鉢。ファイアンス製が多いが、本資料は石製である。見込にロータス花文と口縁帯には鋸歯文が線刻されている。

19　奉献用鉢　Votive vessel
（エジプト　末期王朝時代）
材質：黒色花崗岩　サイズ(cm)：H 19、W 14、T 4
祈願主（名欠損、母の名はヘヌート）がシェディト（ファイユーム）のソベク、ホルス両神に対して捧げた。

[A]　[B]

20　奉納用小皿　Miniature vessels

(エジプト　古王国時代～中王国時代)
材質：土器
サイズ(cm)：A：H 5.2、W 4.6、T 1.6／B：H 4.1、W 4.1、T 1.2
墓参した人々が被葬者に対して捧げた奉納用小皿であると考えられている。皿の上には穀物や水や油などの供物が置かれていた。

21　供物盆　Offering tray

(エジプト　第1中間期～中王国時代)
材質：土器　サイズ(cm)：H 28.9、W 25.1、T 5.4
アシュート付近以南で出土する。おそらく石製品の代用。楕円形の盤の表面にはT字型の溝と外に通じる孔があり、T字の上に供物の食物類(牛など)の模型が貼り付けられている。庶民階層の葬儀慣行の遺品であろう。

22　供物台　Offering table

(エジプト　新王国時代末期(19～20王朝))
材質：石灰岩　サイズ(cm)：H 35、W 50.5、T 5
供物台の形はヒエログリフの「供物」を表す。4辺に銘文帯を巡らし、中央に供物類、その両側に水盆の窪みが配置されている。銘によれば、供物台の主はネフェルセケルウ。職名は織工たちの職長(hry-mrw)である。

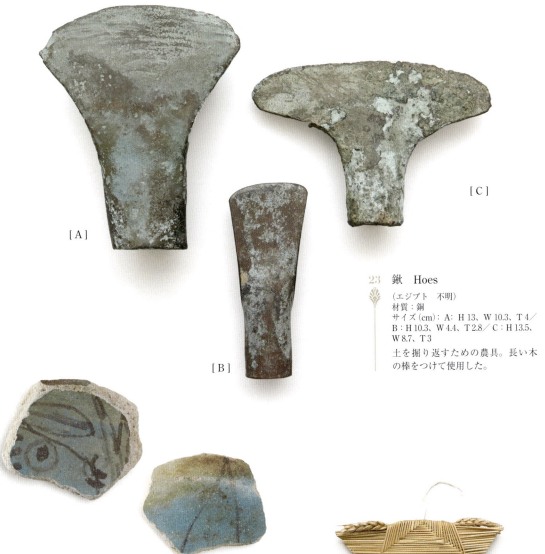

23 鍬 Hoes
（エジプト　不明）
材質：銅
サイズ(cm)：A：H 13、W 10.3、T 4／B：H 10.3、W 4.4、T 2.8／C：H 13.5、W 8.7、T 3
土を掘り返すための農具。長い木の棒をつけて使用した。

24 碗片　Faience bowl fragment
（エジプト　新王国時代（第18王朝））
材質：ファイアンス　サイズ(cm)：H 4.1、W 3.9、T 1.2
宗教的な儀式に使われたと考えられる。ファイアンスはガラスと陶器の中間物質のことで、ガラス質の青色が特徴である。見込みに描かれた魚は豊饒のシンボルのナイルスズキを表現している。

ナイルスズキが見込みに描かれた碗の類例は多い
中近東文化センター所蔵　ⓒYAMAHANA

25 穀物の花嫁（アルース・エル・ガムハ）
Corn bride
（エジプト　現代）
材質：小麦　サイズ(cm)：H 23.5、W 19、T 3
民俗資料。民家の玄関口上部に掛けることで「福」を呼ぶとされる。

26 ヒヒ護符　Baboon amulet
（エジプト　末期王朝時代以降）
材質：ファイアンス（？）　サイズ(cm)：H 0.9、W 0.7、T 0.6
ヒヒが果実をかじっている姿を表現している。

27 ブドウ房形ビーズ　Grape bunch bead
（エジプト　新王国時代（第18王朝））
材質：ファイアンス　サイズ(cm)：H 1.8、W 0.9、T 0.4
ブドウ房形を象ったものは特に第18王朝に流行した。本資料は多産や豊穣を髣髴とさせ、さらに高級嗜好品であるワインと結びつく。

28 アメン・パ・ネフェルの奉納像
Votive stele of Amen-pa-nefer

(エジプト　新王国時代末期)
材質：花崗岩　サイズ(cm)：H 37、W 11.5、T 26.5
アメン神殿のパン焼き部長アメン・パ・ネフェルがハラクティ神に捧げた彫刻で、父の名はネブウネブ。全体がホルス神の聖鳥の形をした珍しい彫刻である。彫刻はブロック状に近く、前面のステラ状の平面と体全体に、礼拝文と礼拝者の浮彫像がある。

[解説編]

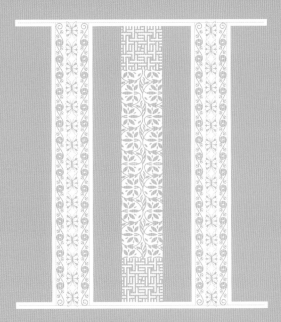

Adding Colors to Life

日常生活を彩るものたち

III 日常生活を彩るものたち

山花京子

　死の世界で安住するために古代エジプト人は生活に必要な様々なものを墓に持ち込みました。それらの副葬品には実生活で使用したものと同じ用途の物も含まれており、例えば新王国時代のトゥトアンクアメンの王墓からは豪奢な家具や調度品、化粧道具と化粧品、衣類、履物、籠などの容器、武器や武具、装飾品や呪物など、数多くの副葬品が発見されました。

　いつの世も流行に敏感なのは女性です。古王国時代の女性は身体にぴったり沿うようなタイトなドレスを身に着けていました。衣類の基本色は白で、時折刺繍のようなものが施されていました。男性はシンプルなキルト（腰布）を身に着けており、男性は頭髪を短く刈り込み、女性は長い鬘を被っています。高位の人々の墓の壁画にはウェセクという神々が身に着けていたものと同じ広襟飾り、スゥエレト（セウェレト）ネックレスや腕輪を身に着けた姿があらわされることもありましたが、古王国時代においては装飾品を身に着けるのは比較的稀なことでした。

　新王国時代になると衣類のバリエーションは豊富になります。第18王朝の初頭にはシリアやレヴァント地方で信仰されていた宗教や神々がエジプトに影響を与え、アスタルテのような裸体の女神も信仰されるようになりました。その結果、透けるように薄い布を身に着けた女性もあらわされるようになります。本コレクションの図版29（SK209）アマルナ浮き彫り断片には第18王朝時代のアクエンアテン王の王女の姿が浮き彫りされていますが、薄物の羽織布

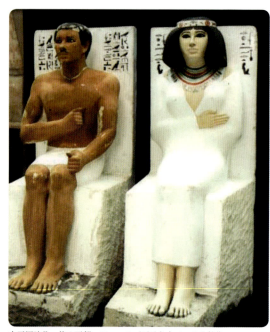

古王国時代　第3王朝　ラーヘテプ王子とネフェルト椅像
カイロ　エジプト博物館所蔵　©YAMAHANA

テーベ西岸　ラモーゼの墓壁画より　当時の葬祭においては白い衣服がメインであったことがわかる。中央には胸を露わにした泣き女がラモーゼの葬列に対して哀悼を表現している。　©YAMAHANA

テーベ西岸　ジェセルカーラーセネブ墓壁画より
裕福な邸宅での宴会の様子。裸体に近い格好の侍女(左側)が招待客(右側)に花輪をかけている場面。ⓒYAMAHANA

のようなものをまとい、胸の下で結んでいるのがわかります。

　左側の写真はテーベ西岸のジェセルカーラーセネブの墓壁画の場面です。左側の椅子に座っているのが招待客で、椅子は高位の者の象徴としてあらわされています。女性は長い鬘を被り、ロータスを編んだ額飾りをつけ、大きな耳輪をつけ、頭上には芳香を放つ香膏を載せています。香膏は頭の体温でゆっくりと溶け、鬘から下へと芳しい匂いとともに滴り落ちます。婦人のドレスの上部は肌色に近い色となっていますが、これは香膏が薄物のドレスを濡らした結果肌が透けて見えているという解釈もあります。婦人の前にはネックレスと腰帯だけをつけた侍女がロータスの花とネックレスを手渡しています。青ロータスの花の匂いには若干の覚醒作用があるといわれており、第18王朝時代の裕福な貴族の邸宅ではこのような贅沢な宴が催されていたことがわかります。

　耳輪はこの時代以降、社会の上層階級の人たちの身を飾る重要なアイテムです。耳輪も西アジア、特にアナトリア半島（現在のトルコやシリア）の風俗の影響と言われていますが、第18王朝時代の中期頃から男女ともに金属、ガラス、木製など様々な素材で作られた大きな耳輪を身に着けるようになります。

　化粧も発達し、トリノのパピルスには、女性が手鏡を片手に化粧を施している描写があります。特にアイシャドーを入れるためのコホル壺（またはコホル容器）は王の工房でしか制作されていなかった奢侈品のガラス器が使われていました。ガラスはエジプトに紀元前1500年頃、つまり新王国時代の初め頃にもたらされました（詳細は第Ⅲ章コラム「ガラスとファイアンス」を参照）。当時、ガラスは金と同等の価値があったため、王からガラスの下賜を受けることは大変な名誉だったようです。ガラスが登場する以前のコホル容器や香膏容器にはアラバスターなどの石材が容器に加工されていました。本学コレクションはこれらのアラバスター製のコホル容器や香膏容器、そしてガラス（コアガラス）製の容器など、コスメティクスに関連するものを多く所蔵しています（図版36〜42（SK319、322、323、325、326、328、329、332〜337、340、11-1、11-2、11-4、11-8））。

　コホルの顔料を擂るためのパレット（図版45（SK172））は古代エ

ジプトに統一王朝が始まるよりはるか前から使われていました。先王朝時代から中王国時代まではクジャク石（マラカイト）やトルコ石などの炭酸銅をすり潰していたようです。この時代の壁画や彫像の目の周りが青緑色なのは顔料に銅が含まれているからです。新王国時代以降、エジプトは東部砂漠にて方鉛鉱の鉱脈を発見したため、この時代以降のコホルは黒色をしています。コホルは現代においても女性の目を美しく縁どるだけではなく、乳幼児のハエ除け（眼病除け）としても使われています。

　指輪の伝統は中王国時代に遡ることができます。最初はスカラベ印章の形をしているものが主流で、装飾用の指輪というよりも印鑑としての役割が重要視されていました。しかし、新王国時代の特にトトメス1世頃から施釉凍石に王の名が刻まれたスカラベ形の物が大量に生産されるようになり、指輪だけではなく、ネックレスや護符としても使われるようになりました。続くアメンヘテプ3世頃からアイまではファイアンスというガラスと陶器の中間物質で指輪が作られるようになり、これらの指輪は祝祭や催事に記念品として王より家臣に大量に下賜されたと考えられます。本学コレクションの図版48［A］と［B］（SK302と303）にはアクエンアテン王の銘があり、アマルナで生産されたことが推測できます。

　指輪はその初現は印章として使われていたと上で述べました。しかし、新王国時代以降、指輪の印面に刻まれた著名な王や吉祥文は護符的な意味を持つに至ります。護符とは、呪術的な守護を祈願するために紐でつなげて身に着けるものです。生者は指輪、ペンダント、ネックレスなどに護符をつけていましたが、死者（ミイラ）に付ける護符には紐で付けるだけではなく、包帯に直接まきこんだり、包帯に縫い付けたりするものもありました。本学コレクションの図版54（SK385）、56（SK386）、57〜59（SK389、388、390）などの護符の大部分はミイラ包帯に巻き込まれ葬送用として使われたものと考えられ、特にパピルス柱形護符（図版59（SK390））は『死者の書』第159章に永遠の若い力を得るためにミイラの喉元に置くと明記されています。

　古代エジプトは長らく「紐」の装飾文化

テーベ西岸　センネフェルの墓に描かれた
供儀物としての護符　新王国時代　ⓒYAMAHANA

硫黄製ネックレス（SK176）硫黄のペーストを型に入れてビーズを作っている。花文ビーズと牡牛（ハトホル）を象ったビーズである。本コレクションは3連あるが、日本には類例が3例ほどあり、元来はつなげて広襟飾りであったと考えられる。
ⓒAENET

圏でありました。したがって、紐でつなげて豪奢な身体装飾を作るには色とりどりのビーズが多用されました。本学コレクションの図版49（SK175）は古代エジプトに王朝が誕生するより以前のネックレスで、自然に存在する色石に孔をあけて一連としています。また、左写真のSK176は硫黄製のビーズですが、このような小さなビーズはペンダントのように一つだけで身に着けるのではなく、たくさんのビーズを連ねて広襟飾り（ウェセク）としていた例が多く見受けられます。エジプトでは紐で小さなビーズを繋ぐ伝統があるため、現代の我々が想像するような金属鎖（チェーン）は発達しませんでした。

ところが、ギリシア本土に紀元前2500年頃より存在した「鎖」の文化の影響を少しずつ受け、中王国時代のワーの墓（第11王朝、テーベ）やクヌムイト王女の墓（第12王朝、ダハシュール）より出土した副葬品や新王国時代の始祖イアフメス（アハメス）の妃イアフメス・ネフェルトイリ（アハメス・ネフェルタリ）の遺品には金属鎖のペンダントも見受けられます。フォックステイルのような複雑な金属鎖は金属工芸の中で最も制作が難しいもののひとつですが、当時のエジプトの職人は海外よりもたらされた新技術を体得し、第18王朝時代後期の頃にはトゥトアンクアメンの墓の副葬品に見られるような黄金製の鎖を多用した装飾品を作り出すことにも成功しています。光り輝く黄金製の鎖と大きなペンダントは王の威厳を表現する最適な身体飾りとしてその後の時代に受け継がれて行きます。

第12王朝クヌムイト王女の墓より発見された装飾品　異国からの贈物と思われる。カイロエジプト博物館所蔵
ⓒYAMAHANA

29　アマルナ浮き彫り断片　Relief of an Amarna princess

（エジプト　新王国時代（第18王朝））
材質：石灰岩　サイズ(cm)：H 21.6、W 15.9、T 3.9
国王の指先と王女の下半身。王女の体や衣服のひだの表現にアマルナ美術の特徴がよく見られる。
岩質は粗く、他の事例から、ヘルモポリス・マグナの出土であろう。

30 サンダル　Sandals
（エジプト　新王国時代末期以降）
材質：植物繊維　サイズ(cm)：H 32.0、W 8.5、 T 5.2
この一足のサンダルは実際に着用した痕跡がある。パピルスと思われる繊維で編まれており、足先部分が反り返る形をしている。

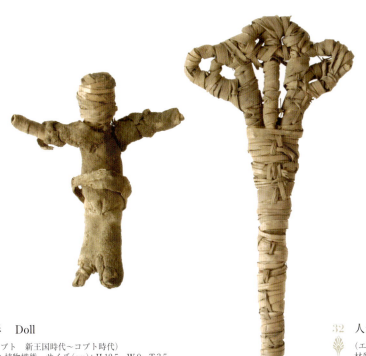

31 人形　Doll
（エジプト　新王国時代～コプト時代）
材質：植物繊維　サイズ(cm)：H 12.5、W 9、T 3.5
小枝を芯材として人形をつくり、繊維を巻き、その上から泥とプラスターを塗っている。玩具として使われたものと考えるが、このような庶民的な玩具の出土は比較的少なく、時代も特定することが難しい。

32 人形　Doll
（エジプト　新王国時代～コプト時代）
材質：植物繊維
サイズ(cm)：H 22.5、W 10.5、T 2
デフォルメされた形であらわされた人間の形だろうか。玩具として作られたと思われるが、時代は不明。

33　[A]
植物性編物（蓋？）
Woven lid(?)
（エジプト　新王国時代以降）
材質：植物繊維
サイズ(cm)：H 28、W 18、T 9
ヤシの葉と思われる繊維を使って編まれた籠の蓋部分。一見すると壺の上部の上半分のように見えるが、本体の下部は編み止められており、壺ではないことがわかる。

[B]
カゴ
Woven basket
（エジプト　新王国時代以降）
材質：植物繊維
サイズ(cm)：H 16、W 10.5、T 2.6
小型のカゴで、実用というよりもウシャブティ（葬送用小人形）とともに副葬されていた可能性もある。

[C]
植物性編物製品
Woven fiber
（エジプト　不明）
材質：植物繊維
サイズ(cm)：H 13、W 11.5、T 1
円い「鍋敷」のような形をしているが、用途不明である。

[D]
編み皿
Woven basket
（エジプト　新王国時代以降）
材質：植物繊維
サイズ(cm)：H 29.4、W 20.3、T 6.5
パピルスと思われる繊維で編み上げた「編み皿」である。完全な形で残存している。

[E, F]
植物性籠模型
Woven basket
（エジプト　新王国時代以降）
材質：植物繊維
サイズ(cm)：F：H 16、W 9、T 3／G：H 13、W 7.5、T 3.2
類例から判断して、ウシャブティ（葬送用小人形）が背中に背負うバスケットの模型であろう。

[G]
植物性編物製品
Woven fiber
（エジプト　新王国時代以降）
材質：植物繊維
サイズ(cm)：H 17.5、W 8、T 1.5
パピルスと思われる繊維で編まれた「鍋敷」のような平たい形をしているが、用途不明である。

34 人物像頭部　Head of a man
（エジプト　新王国時代（第18王朝））
材質：凍石？　サイズ(cm)：H 4.6、W 3.5、T 4
小型奉献像の頭部と思われる。大きな鬘を被り、新王国時代中期の特徴的な表情をしている。

35 人物浮彫　Relief of a man
（エジプト　新王国時代（第18王朝））
材質：砂岩　サイズ(cm)：H 10.5、W 7.5、T 2
アマルナあるいはポスト・アマルナ時代の典型的な壁面浮彫りの断片。

COLUMN
ガラスとファイアンス

山花京子

　「ファイアンス」という言葉は少し聞きなれない単語です。簡単に説明するならば、ファイアンスとは「ガラス」と「陶器」の中間物質といえます。紀元前の古代エジプトをはじめ古代オリエント地方で作られていた石英粉が主原料の特殊な物質です。石英粉が主原料であるため、可塑性に乏しく扱いにくい素材でしたが、ファイアンスの表面は滑らかなガラス光沢がありました。古代人は青緑色のファイアンスをことさら重要視し、神像や儀式用容器、護符などを作りました。

　一方、ガラスはファイアンスと同じ原材料──石英粉、炭酸カルシウム、アルカリ──を原材料に作られているため、一見ファイアンスにとてもよく似ています。いずれも表面がガラス質で光沢があるため、表面だけを見てもガラスとファイアンスの区別がつかないものもありますが、ファイアンスとガラスの違いは断面を観察してみると一目瞭然です。ガラスは断面を見てもガラスで、表面と内側の区別がありませんが、ファイアンスの断面を見ると、表面はガラスのような状態なのに、中には焼き物の粘土のような芯（素地）が見えます。さらに、ガラスは熱い液体になった状態から成形を始めますが、ファイアンスは一般的な陶器と同じように原材料を練ったものを成形して乾燥させて窯に入れ焼成します。

トゥトアンクアメン王墓出土のガラス器
カイロ　エジプト博物館所蔵　©YAMAHANA

第19王朝〜20王朝時代のファイアンス壺
割れているため、中の構造がわかる
ルーブル美術館所蔵　aeE13216
©YAMAHANA

同じ原材料でつくられているファイアンスとガラスですが、ファイアンスの初現が紀元前4500年頃の南メソポタミア地方と上エジプトで確認されているのに対し、ガラスは紀元前2300年頃のメソポタミア地方ではじめて確認されます。つまり、同じような物質であっても、初現には2200年もの差があります。

　なぜ初現時期がこれほど違うのでしょうか。そこには古代の人々が苦労を重ねた「火をコントロール」するパイロテクノロジー（窯業）の進歩があったと考えます。たとえば、木くずを使った焚き火の平均温度は約850度に到達しますが、この温度では焼きの甘い軟質土器しか作れません。ファイアンスやガラスの主成分である石英（珪素）を熔かすにはもっと高い温度が必要です。

　これまでの実験結果を総合すると、ファイアンスをつくるためには最低でも摂氏950度を3時間ないしは4時間保っておく必要があったようです。一方、ガラスは原材料を完全に熔解してしまわなければならないため、摂氏1,150度以上の高温を長時間保たなければなりませんでした。現代に比べ窯業の技術が発達していなかった古代では、窯の温度を摂氏1,000度以上に上げ、しかもその温度を長時間維持させるのには高度な技術が必要でした。古代の人々は2000年以上の歳月をかけて窯の構造を進化させ、同時に熔けやすい原材料の調合を試行錯誤の末に開発し、古代世界にガラスを登場させました。

　ただ、出現当初のガラスは扱い難いものでした。ガラスは熱い状態では水あめのようになるため、坩堝から掬い取った熱いガラスを金属芯にまきつけてビーズをつくったり、金属芯の周囲に砂や獣糞などで作った芯材を巻き、その表面に熱く熔けたガラスを施す（あるいは芯材に粉ガラスをまぶし、満遍なく熱してガラスを熔かす）方法——「コア技法」——で小容器などがつくられましたが、流動性のある材料のため形が整わない、コアとガラスの温度差で容器が破損してしまう、完成後には芯材を容器から掻き出さなければならない、などの課題がありました。したがって、ガラス製品は奢侈品として位置づけられ、それを所持

自作ファイアンス（筆者）　© YAMAHANA

することができるのは王や王族などの限られた社会階層の人たちだけでした。多くの人々は古来より慣れ親しんできたファイアンスを依然として重用し、儀式用容器や護符、神像をつくり続けました。

吹きガラス器
カイロ　エジプト博物館所蔵　ⓒYAMAHANA

イズニク陶器
イスタンブール　タイル博物館所蔵　ⓒYAMAHANA

　ところが、紀元前後のシリア南部（あるいはレヴァント北部）でガラス種を吹き竿の先につけて吹く「宙吹きガラス」の技法が開発されると、ガラス容器は大量生産が可能になり、ガラス器の値段は200分の1になり、日常雑器として使用されるようになりました。人々は安価な容器としてガラスを求めるようになり、制作の難しいファイアンスは次第に廃れて行きました。

　残念なことに、古代のファイアンスの製法はもう残っていませんが、現代のトルコには「イズニク」という珪質陶器があり、石英が主な原材料であったファイアンスの伝統を細々と伝えています。

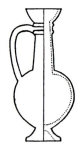

36のコアガラス容器片を推定
復元すると、このような形に
なるものが多いと思われる
（トレース：伊井）

36 コアガラス容器片
Core-formed glass fragments

[A]
（エジプト　新王国時代）
材質：ガラス　サイズ(cm)：H 5.4、W 3、T 5
コアガラスとは、植物性繊維や泥で芯（コア）を作り、その周辺に熔けたガラスを付着させて成形したガラス。濃青地に青緑の口縁飾りがつく。本資料は香膏などの容器として使われたクラテリスコスの口縁と頸の部分である。

[B, C]
（エジプト　新王国時代）
材質：ガラス　サイズ(cm)：B：H 4.7、W 4.3、T 1.5／C：H 3.3、W 2.7、T 0.7
本資料は片把手付フラスコあるいはザクロ形容器の胴部である。内容物は不明だが、化粧品あるいは薬などの当時では貴重なものであった可能性が高い。不透明の地に青と緑の棒ガラスで平行線装飾をつける。

[D]
（エジプト　新王国時代）
材質：ガラス　サイズ(cm)：H 2.5、W 1.7、T 0.3
濃青地のガラスに白と黄で変形垂綱文が描かれている。通常の垂綱文のように規則正しく引掻かないことでこのような自由な文様を描いた。

[E]
（エジプト　新王国時代）
材質：ガラス　サイズ(cm)：H 2.4、W 1.3、T 0.4
透明青地に白と黄の垂綱文が施されている。

[F]
（エジプト　新王国時代（第18王朝））
材質：ガラス　サイズ(cm)：H 2.5、W 1.3、T 0.8
香膏などが入ったクラテリスコスと呼ばれる化粧用ガラス壺の破片。濃青地に黄色の口縁装飾と黄と白の垂綱文が施されている。

[G]
（エジプト　新王国時代）
材質：ガラス　サイズ(cm)：H 3.2、W 1.8、T 1.2
垂綱文の上に装飾としてツイスト文ガラス棒が付着しているが、ツイストが不完全のため珍しい例である。

[H]
（エジプト　新王国時代）
材質：ガラス　サイズ(cm)：H 2.3、W 1.8、T 0.5
青地ガラスに白と黄のガラスで垂綱文をつくり、器上部にはツイスト文装飾がつけられている。肩部にツイスト文装飾を施したフラスコであろう。

[I]
（エジプト　新王国時代）
材質：ガラス　サイズ(cm)：H 2.1、W 2、T 0.3
空色の地ガラスの上に白、黄、濃青の色棒ガラスを水平に溶かしつけ、固化する前に上下に引掻くことで本品のような引掻波型文様が生まれる。

[J]
（エジプト　新王国時代）
材質：ガラス　サイズ(cm)：H 2.3、W 1.6、T 0.8
容器の口縁部。ツイスト文の口縁飾りがついている。

[K]
（エジプト　新王国時代）
材質：ガラス　サイズ(cm)：H 3、W 1.6、T 1.2
口縁部片。濃青地に黄で口縁を縁取っている。下部には把手痕が残る。

[L]
（エジプト　新王国時代）
材質：ガラス　サイズ(cm)：H 2.4、W 2、T 0.6
空色の地ガラスの上に白と濃青でジグザク文装飾を付けている。把手下部が残存しているところから、片把手付フラスコであったと推測できる。

[M]
（エジプト　新王国時代）
材質：ガラス　サイズ(cm)：H 1.6、W 1.5、T 0.3
気泡の多い透明緑青色地に白と黄の垂綱文。

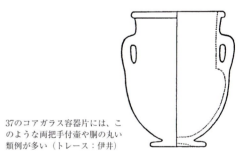

37のコアガラス容器片には、このような両把手付壺や胴の丸い類例が多い（トレース：伊井）

37 コアガラス容器片
Core-formed glass fragment

（エジプト　新王国時代（第19～20王朝））
材質：ガラス　サイズ(cm)：H 6.5、W 4.5、T 2.7
不透明白や薄緑色で肉厚のガラス容器はラメセス朝（第19～20王朝時代）に多く作られた。前の時代と比較してシンプルかつ大型化しているのが特徴である。コア技法ではなく、削り出しで作られた可能性もある。

38 小壺　Faience vessel
（エジプト　不明）
材質：ファイアンス　サイズ(cm)：H 6、W 3.6、T 0.4
香膏あるいはコホル（アイシャドー）を入れた壺と考えられる。本資料のような無頸壺は類例がほとんどない。

39 コホル容器　Kohl pot
（エジプト　中王国時代～新王国時代）
材質：アラバスター　サイズ(cm)：H 6、W 5.2、T 2.4
アラバスター（雪花石膏）を割り貫いた中にコホル（アイシャドー）を入れた化粧用の容器。まぶたに塗るために木製あるいは石製のスティックがセットになっているが、本資料は欠損している。

40 　奉献用容器　Miniature offering vessel
（エジプト　不明）
材質：アラバスター　サイズ (cm)：H 4.5、W 3.5、T 0.3
アラバスター（雪花石膏）製の容器は化粧容器や奉献儀式用に多用される。本資料もおそらく奉献用だが、詳細は不明。

41 　コホル容器　Kohl pot
（エジプト　不明）
材質：アラバスター　サイズ (cm)：H 4.2、W 3、T 0.9
本品は内部が黒いことから、おそらく化粧用のコホルが入っていたものと思われる。

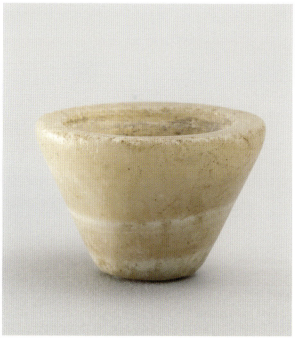

42 　奉献用容器　Votive vessel
（エジプト　古王国時代〜中王国時代）
材質：アラバスター　サイズ (cm)：H 3.1、W 3、T 0.4
ミニチュア甕型のアラバスター容器。化粧用あるいは儀式用に使われたと考えられる。

43 　儀式用容器　Ritual vessel
（エジプト　古王国時代）
材質：アラバスター　サイズ (cm)：H 3.3、W 2.2、T 0.6
アラバスター製の類例は古王国時代に多く、葬送の儀式の際に用いられた。

COLUMN

墓には決して刻まれない日常―パーネブへの訴状―

山花京子

　パーネブという人物は新王国時代の第19王朝の頃、ディル・エル＝メディーナ（王家の谷を建造した労働者の街）に住んでいました。彼の父は「真実の場の僕」ネフェルセヌート、母の名はイウイ、妻の名はワベトで、パーネブは生前「真実の場での二国の主の監督官」という役職名を持っていました。彼の墓（TT211）はディル・エル＝メディーナの岩山に掘り込まれた岩窟墓で、内部は崩れてはいるものの豊かな色彩が残っています。

　その墓の描写には、彼が「声正しき人」としてオシリス神の祝福を受け、来世での生を約束された清廉潔白の人として描かれています。また、彼が遺したいくつかの碑文には、王家の谷にあるピラミッド形状の岩山の主メレトセゲルに対して奉献をする、信心深く品行方正な人物として家族とともにあらわされています。

　神を信じ、来世を信じ、敬虔かつ謙虚な労働者としての生を全うしたかに見えるパーネブですが、実際の彼はどのような人物だったのでしょうか。ディル・エル＝メディーナからは生前の彼の行状を記した訴状が数通発見されています。

訴状1

　これは労働者アメンナクトがパーネブを訴えた訴状です。訴状によると、パーネブは不当な手段により「労働者の監督」という役職を授かったため、

ラメセス3世～4世治世下にディル・エル＝メディーナに建造された「真実の場での二国の主の監督官」インヘルカアウの墓（TT359）
この墓も極彩色の壁面装飾が特徴的　©YAMAHANA

彼は不適任であるとしています。

「彼の息子（アメンナクト）は門番の所まで走って来て、主（生命・繁栄・健康！）に宣誓した後、言った。『私は彼を信用しません（直訳すると「盾と見做しません」）。』彼（アメンナクト）は言った、『パーネブは労働者ケナの夫人であったトゥイと同衾しました。そして、彼はペン・ドゥワとともにいた女性ヘルと同衾しました。さらに彼はヘシ・ス・ネブ・エフとともにいた女性ヘルと同衾しました。』、『さらに彼（パーネブ）がヘルとともに床を共にしたとき、彼は彼女の娘であるウェブケトとも同衾した。そして彼（パーネブ）の息子イウペフティはそのウェブケトと床を共にしました。』

訴状２

次の書状には前述の労働者アメンナクトによる再度の訴えが記録されています（パピルス・ソールト124）。アメンナクトは、当時の宰相にパーネブが監督官として不適任であることを訴えています。

「アメンナクトの言った言葉『私は労働者の監督官ネブ・ネフェルの息子です。私の父の死後、兄ネフェル・ヘテプが父の役職に任命されました。兄ネフェル・ヘテプが敵に殺された後、私が（相続の権利のある）弟であるにもかかわらずパーネブは父の5人の奴隷を宰相プレ・エム・ヘブに差し出しました。そして彼（パーネブ）は父の役職に任命されました。その役職は…であるにもかかわらず…（中略）彼（パーネブ）に対する訴えは、王セティ・メルエンプタハ（生命・繁栄・健康！）の仕事（王墓造営の仕事）をないがしろにして、自分の所（墓）のために石を運ばせたことにもあります。労働者は石を毎日彼の墓へ運び、（王墓に使うはずの）この石材を使って柱を4本も作りました。彼は王の居場所を奪ったのです。王墓建設を差し置いて石工たちが彼の墓のために仕事をしていたときに、砂漠の道を通る者達は石工たちの声を聞き、また目撃もしています。しかも王のためのノミやツルハシで彼（パーネブ）の墓を造っているのです。

石工の名前は、イオペフティ、カサ、ラモーゼの息子カサ、ホル・エム・ウィア、ケンヘルケペシェフ、ロマ、ヘーの息子パシェドゥ、ネブナクト、ナクトミン、ネブセメン、バキの息子ホル・エム・ウィア、コンス、ナクトミン、パヨム、ウェネン・ネフェル、イオナクトで、合計16人です。』

（中略）

『大きなノミを仕事が終わらないうちから私用で使い、しかもそれを彼の墓の建設のために折ってしまったことに対する罪状（についても糾弾され

53

るべきです）。』

（中略）

『労働者の監督官ネフェル・ヘテプに育てられておきながら、（育ての親である）彼を陥れた罪もあります。彼（パーネブ）の面前で扉を閉ざした彼（ネフェル・ヘテプ）に対し、彼（パーネブ）は石をつかみ、ドアをたたき、さらに「ネフェル・ヘテプを殺してやる」と言ったために村人達がネフェル・ヘテプの警護につかなければなりませんでした。彼（パーネブ）はその夜9人の村人達を打ちのめしています。』

（中略）

『そして監督官ネフェル・ヘテプは宰相アメンメスに繰り返し嘆願し、宰相アメンメスはパーネブに戒めを与えた。ところが、彼（パーネブ）は宰相メスに嘆願し、宰相アメンメスが自分を打ち据えたと言って、アメンメスの罷免を嘆願しました。』

（中略）

以上のとおり、彼（パーネブ）は役職に不適任です。彼の行動はまるでウジャト眼の様です（？）。彼はこれらの人々が王に嘆願できないように殺してしまいました。ご覧下さい。私は彼の行状を宰相に報告いたします。」

アメンナクトがこのように訴えたにも関わらず、訴状はディル・エル＝メディーナから外に持ち出されることはなく、結果的に宰相のもとへ届くことはありませんでした。この書状の隠蔽にパーネブが関与したかどうかは今となっては定かではありませんが、本来ならば戒めを受けるべき人間が善人面をしてのうのうと生きる世の中はどの時代になってもあるものですね。

参考文献

Bruyère, B.,

1923-4 *Rapport sur les fouilles de Deir el Médineh*, Fouilles de l'Institut français d'archéologie orientale du Caire Paris

McDowell, A.G.,

1999 *Village Life in Ancient Egypt: Laundry Lists and Love Songs*, Oxford University Press New York

44 化粧用小皿　Cosmetic palette
（エジプト　新王国時代）
材質：凍石　サイズ(cm)：H 11.4、W 7、T 1.2
アヒルの首と頭4つを長円形の皿の縁部に配した化粧具。

45 パレット　Palette
（エジプト　先王朝時代（ナカーダⅡ期））
材質：片岩　サイズ(cm)：H 24.5、W 15.7、T 1.2
外向きの双鳥の頭、羽の中央に懸孔があく。鳥の目は象眼。
中央部に使用痕が見られる。この形式は比較的普及していた。

46 石皿　Grinding stone
（エジプト　新王国時代）
材質：玄武岩　サイズ(cm)：H 9.1、W 17.3、T 3
顔料または薬剤の引き磨り皿と思われる矩形石皿。
使用痕が著しい。

47 手鏡把手部分　　Mirror handle

（エジプト　新王国時代（第18王朝））
材質：ファイアンス　サイズ(cm)：H 4.5、W 1.5、T 1.2
手鏡の軸にあたる部分で、アメンヘテプ3世がイシェルウ（カルナックのムート神殿）のムート神に加護を祈願する銘がある。色褪せているが、本来は青灰色の地に白で銘文が *nbt Mwt mry išrw* 象嵌されていた。

手鏡とアイシャドー壺を手に持ち、化粧をする女性
トリノ博物館所蔵パピルスより部分抜粋（トレース：伊井）

[A]

[B]

[C]

48　指輪　Rings

[A]
（エジプト　新王国時代（第18王朝アクエンアテン王治世））
材質：ファイアンス　サイズ（cm）：H 2.2, W 1.1, T 0.2
王名や吉祥紋を記した指輪は第18王朝時代中ごろのアメンヘテプ3世の治世から大量に作られ始めた。アメンヘテプ3世と続くトゥトアンクアメンの治世にも同様の指輪が量産され、おそらく家臣たちに下賜されたと思われる。本資料にはアクエンアテン王の名 Aḫ-n-ꜥItn の銘がある。

[B]
（エジプト　新王国時代（第18王朝アクエンアテン王治世））
材質：ファイアンス　サイズ（cm）：H 1.4, W 2.2, T 2.1
緑青色の釉が施された指輪は特にアメンヘテプ3世後期とアクエンアテン王の治世に多く製作されている。このような指輪は別々に作られた印面とリングの輪の部分を接着した後に釉を施して焼成している。本資料にはアクエンアテン王の即位名 nfr-ḫprw-Rꜥ wꜥ-n –Rꜥ の銘がある。

[C]
（エジプト　新王国時代）
材質：凍石　サイズ（cm）：H 1.3, W 2.4, T 1.4
満月と三日月を乗せた船の装飾がある。

49　ネックレス　Necklace
（エジプト　先王朝時代～初期王朝時代）
材質：石　サイズ（cm）：L 66
粘板岩、石灰岩、メノウなどの環や管玉を連ねた首飾り。1個だけ三角形の自然石がある。

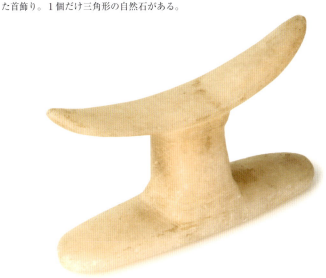

50　枕模型　Model headrest
（エジプト　末期王朝時代）
材質：アラバスター　サイズ（cm）：H 7.5, W 12.5, T 3
『死者の書』第166章によると、枕形の護符をミイラに接して置くことにより、死者の安全と再生が保証されるとされている。副葬品としてこのような小型模型が発見されることが多い。本資料は棺中のミイラの頭近くに納められたものであろう。

51　鉢　Faience bowl
(エジプト　中王国時代〜新王国時代初期)
材質：ファイアンス　サイズ(cm)：H 5.2、W 13.4、T 0.4
外側に幾何学文が描かれた薄手の鉢。新王国時代に流行した厚手の「ヌン碗」とは形状を異にするが、ヌン碗同様に祭礼や儀式の際に使われたものと考える。

52　壺底部破片　Faience vessel fragment
(エジプト　新王国時代)
材質：ファイアンス　サイズ(cm)：H 14.5、W 13、T 3.7
涙型（あるいは雫型）といわれる壺の胴部から底部にかけての部分である。底部には睡蓮の花弁文があらわされている。

 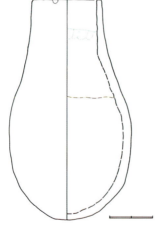

52はこのタイプの壺であった可能性が高い（大原美術館蔵　5045）
撮影・実測トレース：山花

53　壺破片　Faience vessel fragment
(エジプト　新王国時代前半)
材質：ファイアンス　サイズ(cm)：H 8.5、W 15.5、T 2.1
厚い素地を使った大型のファイアンス壺で、頸部に渦巻き文が描かれている。渦巻き文は東地中海世界との交流の象徴とも言える文様で、この壺が作られた当時の活発な地域間交流を示している。

 ハヤブサ護符　Falcon amulet
（エジプト　古王国時代〜第1中間期）
材質：長石　サイズ(cm)：H 0.8, W 0.6, T 0.3
ハヤブサは王権の神ホルスの顕現として神聖視されていた。

55　人面玉　Mosaic glass bead
（エジプト　プトレマイオス朝時代以降）
材質：ガラス　サイズ(cm)：H 0.8, W 0.7, T 0.4
重量(g)：0.3
人面はガラス紐を組み合わせたものを熔着させ、引っ張って作った細いガラス棒を金太郎飴のように切ったもの。紐通し孔がないことから、ビーズを意図して作られたものではなく、再加熱した際に表面張力により丸くなってしまったと考える。

56　ミミズク形護符　Owl amulet
（エジプト　古王国時代〜第1中間期）
材質：長石　サイズ(cm)：H 1.1, W 0.7, T 0.3
全体の形と足の削り出し方から古王国時代から第1中間期のものであると推測する。ミミズクは夜の闇の中で餌を見つける眼力と、首をあらゆる方向に回すことができるという他の鳥にはない特徴があるために古代エジプト人に畏れられた。

 ハエ形護符　Fly amulet
（エジプト　第3中間期）
材質：施釉凍石　サイズ(cm)：H 1.4, W 1, T 0.3
悪運や災害を予防する護符であるが、ハエは人間に纏わりついて離れないため、敵に纏わりついて倒す武勇の象徴ともみなされた。

 耳形護符　Ear amulet
（エジプト　新王国時代〜第3中間期）
材質：ファイアンス　サイズ(cm)：H 2.4, W 1.4, T 0.5
耳形の護符を身につける習慣は新王国時代より以前には存在しなかったため、おそらくは外部地域からの文化的影響や外来の神の信仰からはじまったと考えられる。人々の嘆願の声を聞くことができるアメン、ホルス、トトやイシスといった神々に祈願が聞かれるのを願ったものであろう。

 パピルス柱形護符　Papyrus shaped amulet
（エジプト　末期王朝時代〜プトレマイオス朝時代）
材質：ファイアンス　サイズ(cm)：H 6.4, W 1.6, T 1.5
『死者の書』第159章によると、長石（緑色）のパピルス柱護符をミイラの喉に置けば、永遠の若い活力が保証された。

[A]

[B]

[D]

[C]

[A]
護符型
Terracotta mold of Bes
(エジプト　新王国時代)
材質：テラコッタ
サイズ(cm)：H 5.2、W 3.7、T 1.6
ファイアンスの型。ベス神を表現している型の窪みの中にファイアンスの練り粉を充填し、型から外すとベス神護符の形が取れる。型から外したものを乾燥させ、釉薬を塗りつけ焼成して護符を作る。

[B]
護符型
Terracotta mold of Wdjat
(エジプト　新王国時代以降)
材質：テラコッタ
サイズ(cm)：H 3.1、W 2.9、T 1.9
ホルス神の眼（ウジャト眼・左目）護符の母型である。本品も離型を容易にするための紐溝が付けられている。

[C]
護符型
Terracotta mold of offering bread
(エジプト　新王国時代)
材質：テラコッタ
サイズ(cm)：H 7.1、W 4.1、T 2.2
パンを象ったファイアンスの母型で、中に di（与える）という象形文字の表現があるため、これは神々への供物としてのパンをファイアンスで作るための型であると考える。

[D]
護符型
Terracotta mold of Wdjat
(エジプト　新王国時代以降)
材質：テラコッタ
サイズ(cm)：H 5.2、W 4.4、T 1.9
ホルス神の眼（ウジャト眼・右目）護符を作るためのファイアンス母型である。この型には離型を容易にするための紐溝が付けられている。

[A]

[B]

[C]

[D]

[E]

[F]

61

[A]
雫形ビーズ
Drop-shaped bead
(エジプト　末期王朝時代以降)
材質：ファイアンス
サイズ(cm)：H 2.4、W 0.6、T 0.3
質量(g)：1.2
雫形のビーズは中王国時代より存在するが、新王国時代より襟飾りの一部として特に多く用いられた。

[B]
黄色ビーズ
Yellow bead
(エジプト　末期王朝時代以降)
材質：ガラス
サイズ(cm)：H 0.9、W 0.8、T 0.25
質量(g)：0.9
黄色ガラスはエジプトでは新王国時代（第18王朝時代）に初めて作り出された。エジプト外からの輸入原材料を使っていたため、使用は限定的である。本品は深みのある色と形状から末期王朝時代以降のものと考える。

[C]
双円錐形ビーズ
Biconical bead
(エジプト　末期王朝時代以降)
材質：ガラス
サイズ(cm)：H 0.9、W 0.6、T 0.2
質量(g)：0.4
青地のガラスに小さな装飾目玉ビーズを埋め込んで熔かし成形したビーズ。

[D]
同心円文ビーズ
Circular eye bead
(エジプト　新王国時代以降)
材質：ガラス
サイズ(cm)：H 0.7、W 0.7、T 0.3
質量(g)：0.5
丸玉に同心円文の小玉を埋め込んで熔かし成形したビーズ。後に「目玉」ビーズとも呼ばれ魔除けの役割を果たすようにもなった。

[E]
巻きつけ文ビーズ
Striped bead
(エジプト　末期王朝時代以降)
材質：ガラス
サイズ(cm)：H 0.5、W 0.4、T 0.1
質量(g)：0.1
濃茶地に黄色ガラスの細線を巻きつけたビーズ。

[F]
花文ビーズ
Rosette bead
(エジプト　末期王朝時代以降)
材質：ガラス
サイズ(cm)：H 0.7、W 0.6、T 0.3
質量(g)：0.1
黄と白色半透明のツイスト文ガラスを芯に巻きつけて花文を作っている。

62　ガラスビーズ用鋳型　Glass bead mold
（エジプト　末期王朝時代以降）
材質：石灰岩　サイズ(cm)：H 12.7、W 4.5、T 3
おそらくガラスビーズ作成用の鋳型であろう。ガラスビーズの製法は、初期の段階では細線の巻付法であったといわれているので、型を使用したのは比較的後代ではないかと思われる。

63　オープンワークビーズ　Openwork bead
（エジプト　末期王朝時代）
材質：ファイアンス　サイズ(cm)：H 1、W 1、T 0.3
高度な技術がないと作り出せない透かし彫り玉。透かし彫りの技術は第3中間期頃に確立したと考えられているが、本品は特徴的な青灰色からおそらくは末期王朝時代後期と考えられる。

[A]

[B]

[C]

64　モザイクガラス素材　Glass bar for mosaic decoration
（エジプト　プトレマイオス朝時代以降）
材質：ガラス
サイズ(cm)：A: H 5.6、W 0.5、T 0.25／B: H 3.5、W 0.5、T 0.25／C: H 3.4、W 0.7、T 0.3
色の違うガラス棒をあわせて熔かし引き伸ばすことでモザイクガラスの素材を作った。

65　モザイクガラス素材　　Mosaic glass bar

（エジプト　プトレマイオス朝時代以降）
材質：ガラス
サイズ (cm)：A：H 1.3、W 0.7、T 0.4／B：H 2、W 1.8、T 0.7
組み合わせた色ガラス棒を溶着させ引き伸ばし、金太郎飴の要領で切ってモザイクガラスのパーツを作った。
［A］花文パーツを連ねて1本の細い棒とし、これをさらに他のモザイクガラスと組み合わせて細く引き伸ばし、祠堂装飾や神々の衣服の装飾パーツとして使われた。
［B］ウジャト眼の未完成品である。本来はもっと細く引き伸ばして吉祥文様の装飾モザイクとなる。

［A］

［B］

COLUMN

結婚・離婚・相続・借金

山花京子

結婚と婚資

　古代エジプトにも「結婚」の概念はありましたが、現代のわれわれが想像するようなセレモニー的な結婚式や披露宴などが存在していたかどうかは不明です。「結婚」という言葉自体が存在しておらず、「何某を妻とする」、「家を築く」、あるいは「一緒に生活をする」という言葉が「結婚」を指すために充てられました。戸籍の書き換えといったような、結婚にまつわる公の手続きも存在しなかったと考えられています。妻には「ヘメト」というエジプト語が使われることが多いのですが、一方「ヘブスゥト」という言葉も存在し、どうやら妾あるいは再婚後の妻のことを指している可能性があります。

　夫は同時に何人もの妻を持つことができました。新王国時代のディル・エル＝メディーナの墓は男女1人ずつの埋葬が多く、職人達は一夫一婦制を採用していたようです。一方、王族に関しては第13王朝時代（c1795-1650BC）から重婚の伝統があり、妻のうちの一人はメネト・ネスウ・ウェレト「偉大な王家の妻」（正妃）と呼ばれていました。王族の結婚は正当な血筋を残すことが第一の目的であったため、兄妹婚や父娘婚も行われていました。

　また、日本では「結納」にあたる婚資を女性側（あるいは男性側）へ提供する慣習は、古代エジプトにも存在しており、末期王朝からプトレマイオス朝にかけて残された契約文書のなかでシェプ・エン・セヘメト「妻を迎える際の婚資」についての取り決めが多く行われています。たとえば、新王国時代のディル・エル＝メディーナより出土したオストラコン（石灰岩の破片に記された文書）には、「ウセフネムトがアセトを妻として娶る際に父（義父）に渡した物品のリスト」が残っており、結婚には妻側の父親もしくは保護者との契約が必要だったようです。さらに、女性側より男性側への婚資もありました。紀元前517年頃から記され始めた結婚に関する契約の中には、結婚に際して夫が支払うべき婚資を妻（もしくは妻の父）が買い取る、というものがありました。買い取った婚資は結婚が存続している間、妻と夫に利用権がありました。ある事例では、夫が支払うべき婚資を妻が買い取り、銀で3デベンもしくは同等の価値のある品物が支払われています。さらに、ある価値の金品が妻側から夫に対して、妻の将来の食費や衣料費として支払われる場合もありました。そしてこのような契約

文書の末尾には夫が妻に対して以上のような義務を負うことを宣誓し、時には文書にサインをすることがありました。証人として、3人から36人ほど（すべて男性）が名を連ねる事例もあり、出来上がった文書は妻側の父が保管する、もしくは近くの神殿に保管されました。

　結婚をする妻が遵守すべき事柄を書き記した文書は見つかっていませんが、夫が妻をいかに大切に扱うべきか、という心構えを記した文書は一つならず存在します。以下に2つ紹介しましょう。

※

プタハヘテプの教訓
「貴方の妻を熱烈に愛しなさい
十分な食物と衣服を与えなさい
良い香りのする軟膏は彼女の身体に良いものだ
彼女の日々を幸せなものにしてやりなさい
なぜならば彼女はその持ち主に利益をもたらす畑のような存在なのだから」

アニの教訓
「彼女の家の中では（あらを探して）詮索してはならない
彼女が貴方に十分尽くしてくれていることを貴方は知っているのだから
『あれはどこにやった？　とってこい』などと言ってはならない
彼女が（家をちゃんと管理して）正しい場所においているのだから。」

※

離婚
　長年連れ添った夫婦でも、別離の時を迎えることはあります。古代エジプトでの「離婚」とは、今まで一つの家でともに暮らしてきた者が離れて暮らすこと、と捉えられていました。離婚の行為は社会的に宗教的に規制されたりするものではなかったようで、比較的自由に離婚が認められています。

　離婚原因の主だったものは夫側の不貞、妻の不貞、そして不妊です。離婚を言い渡すのは主に夫側でしたが、紀元前500年頃より妻側からも離婚ができるようになりました。離婚の際は子供を含めて財産の相続が一番の争点となりました。慣習によると、土地や財産などの所有権に関しては共有の財産とみなされ、離婚の際に男性側が3分の2、妻側が3分の1の所有権を主張することができました。妻は一般的に嫁入りの際に持参した家財道具や家畜などが妻の正当な持ち分となっていました。これは夫も同じで、婚前に持っていた資産は夫の正当な権利です。

　しかし、離婚の際に財産分与でトラブルが起きている事例が多く見

られます。例えば姦通などで妻側に離婚される原因があった場合、妻は3分の1を受取ることはまず不可能でした。他方、夫側に原因があった場合は、妻側に有利になるように審議が行われたようです。

相続

　古代エジプトでは、権利関係について詳細な記録を残しています。たとえば、財産譲渡について紀元後6世紀後半の記録にはこのような事例があります。シエネのメアリは2部屋の半分の所有権をもっていました。彼女はこれを自分の3人の息子と1人の娘に公平に分割して譲渡しました。娘タピアは兄弟のうち一人の所有分を買い上げ、紀元585年に義理の息子に彼女の持ち分を売却し、さらに彼女は紀元594年には同じ所有権を兵士にも売却しました。この後、義理の息子と兵士との間で争議があったことは想像に難くありません。が、不思議なことにこの後は義理の息子の文書しか残されていないため、兵士の件は関係者がうまく処理したのでしょう。

　また、別の事例も残っています。時はラメセス5世治世下のディル・エル＝メディーナです。文書の主はナウナクテ婦人で、この婦人は書記ケンケルケペシェフと結婚し、夫は彼女に不動産を含めた財産を譲渡しました。ナウナクテはその後労働者ヵァエムヌンと再婚し8人の子供をもうけました。2度の結婚によって、彼女が主張することのできる所有財産は第1回目の結婚により手に入れた財産と、現在の夫との間に築いた財産の3分の1になります。彼女はこの財産を子供に相続させようと文書を作成しました。通常の相続の場合、8人の子供は財産の均等な分配を受けることになるのですが、ナウナクテは遺言の中で娘のうちの「悪い娘」メネトナクテには財産を相続させないと記しています。つまり、古代エジプトは女性でも財産分与の権利を行使することができる社会でした。

借金

　古代エジプトは第30王朝時代頃までコインの流通はありませんでした。したがって、「借金」という言葉は正しい用法ではありません。しかし、貸し借りを記した記録からは、現在の「借金」の概念にぴったり合うものが多くあります。この場合、「金利」のつく場合と、つかない場合がありましたが、物故者が借りたものを縁者が返済する、という事例もみてとれます。たとえば、ディル・エル＝メディーナで出土したオストラコン（石灰岩の破片に記録された文書）には、生前に20袋の穀物の借入のあった労働者サ・ムートは彼の死後に借入物の

返済を求められました。これは結局、彼の未亡人フート・イアがエンマー小麦を12袋と大麦を8袋、合わせて20袋を返却することで完済されたと記録されています。

トラブルの解決法

　人間が集団生活を行う上で、もっとも避けて通りたいのがトラブルです。しかし、双方の意見や言い分が食い違うことは日常生活では頻繁に起こります。古代エジプトでは、トラブルはどのように解決していたのでしょうか。新王国時代に王家の谷の造営に携わった村ディル・エル＝メディーナでの例を見てみましょう。

　この村の取り決め及び裁判などの審判については、訴訟の種類によって3か所の審議機関に委ねられました。一つは地区の裁判所、もう一つは神格化された王アメンヘテプ1世の神託、そして最後に宰相です。現在までに残っている資料のほとんどは地区の裁判所の扱いとなったもので、神託や宰相に上申された資料は殆どありません。

　地区の裁判機関は、エジプト語で「ケンベト」と言い、その構成員はセル（治安判事）と呼ばれる人々です。各ケンベトには通常宰相の書記や警察の長官などが名を連ねており、セルの人々の構成員は一般の労働者をはじめ、様々な職業を持っていた人々でした。ケンベトでの裁判はすべて口頭による質問形式で行われ、時として証人が呼ばれたうえで判決が出されました。

　絶対的な権力を持ったファラオ（王）がすべての決定権を持っていると思われがちな古代エジプトですが、コミュニティのトラブル解決は大勢の陪審員の臨席の上での合議であったようです。合議による審判方法は「死者の書」の冒頭部分にも見られます。死者がオシリスの「光の国」に入る資格があるか否かを審議する「審判の場面」には、大勢の神々が陪審員として見守る中（図版89（SK116-005））、死者は自らの身の潔白を証明しなければなりません。真実を表すマート女神の羽根が死者の心臓とともに天秤棒に掛けられ、その結果を神々が承認し、神々の判決をトト神が書き付けた後、死者ははじめてオシリスのもとへと導かれるのです。

　王朝時代の古代エジプト社会は強い地縁血縁で繋がっていました。したがって、住人のモラルや行動は不文律によって規定されていたと言っていいでしょう。しかし、第3中間期以降、異国の人々が大勢エジプトに移り住むようになると、それまで不文律によって規定されていたモラルや慣習が崩れ、村の寄合的な性格を持つケンベトでは審議

できない問題も起きてくるようになりました。古代エジプトで第3中間期以降、特に末期王朝時代からプトレマイオス朝、ローマ属領時代にかけて権利関係を示した司法・行政文書が爆発的に増えた背景には、地縁血縁で繋がっていない文化や慣習を異にする人々とともに生きるための新たな規範を作るという意図もあったと考えます。

主要参考文献：
Ellis, S.P.,
1992　　*Graeco-Roman Egypt*, Shire Egyptology Buckinghamshire
Janssen, J.J.,
1981　　'Gift-giving in ancient Egypt as an economic feature,' *Journal of Egyptian Archaeology,* vol.68, pp.253-8 London
McDowell, A.G.,
1993　　*Village Life in Ancient Egypt*, 1999, Oxford University Press Nwe York
Robins, G.,
1993　　*Women in Ancient Egypt*, Harvard University Press New Haven
Strauhal, E.,
1992　　*Life of the Ancient Egyptians*, University of Oklahoma Press Norman

66 ハトホル柱モデル　　Model of Hathor column

（エジプト　末期王朝時代～プトレマイオス王朝時代）
材質：石灰岩　サイズ (cm)：H 27.5、W 12.5、T 12.5

均質緻密かつ柔らかい石灰岩製で、浮彫や彫刻の手本として各地の神殿建設現場へ送られたと考えられている。図像のプロポーションの基本線、素形、鑿の方向などが示されている。本資料はハトホル柱の柱頭部分のモデルである。

ディル・エル＝メディーナのギリシア・ローマ時代神殿天井の蓋石を枘で連結するためのホゾがあるのがわかる　©YAMAHANA

67 セティ1世銘の枘　　Architectural wedge of Seti I

（エジプト　新王国時代（第19王朝））
材質：花崗岩　サイズ (cm)：H 17、W 36.5、T 8.3

大型の石材を連結する建築用具で、双方の石材に溝をうがち、埋着した。古王国時代から使用され、木、石、銅製などがある。本資料は大きい例で、セティ1世のこの銘はアビドスのケノターフの建築時から用いられたので、本資料は同地の大神殿の建築用であった可能性が高い。同地から木製の枘の出土も報告されている。

68 木槌　Mallet
（エジプト　中王国時代〜新王国時代）
材質：木　サイズ(cm)：H 31、W 14、T 13
古代エジプト人はこのような木槌を多用して柔らかい石材や木材の彫刻などを制作した。通常は片手に木槌を持ち、もう一方の手に持った鑿や鏨に木槌を打ち付けて使った。このような形状の木槌はピラミッド時代から連綿と続いており、時代区分は難しい。

69 鑿　Chisel
（エジプト　新王国時代〜末期王朝時代）
材質：銅　サイズ(cm)：H 8.9、W 1.8、0.6
工具の鑿である。柄の部分が木部に接続されていたはずだが、現在では欠損している。刃先は右利き用に片刃で調整されており、おそらく実際に使用していたものと思われる。

[A]

[B]

70 ハンマー石　Pounding stones
（エジプト　新王国時代）
材質：粗粒玄武岩または輝緑岩
サイズ(cm)：A：H 10、W 9、T 5.5／B：H 12、W 9、T 7
非常に硬いので、叩打法による石材の初期成形に用い、原材はおもに東部砂漠で産出する。神殿址や石切場で使用済み、ないし本例のような破損物をよく見かける。

71 分銅　Weight
（エジプト　新王国時代以降）
材質：玄武岩　サイズ(cm)：H 15、W 11.5、T 8
質量(g)：3790
蒲鉾形の典型的な石製分銅。表面にヒエログリフで90の銘があるが、数字を横に並べる表記法は比較的珍しい。重量は3,790g。新王国時代の重量単位はデベン（約91g）であるため、銘が90デベンとすると理屈にあわない。デベンは新王国時代以降は約91gである。

72 分銅？　Weight? with name of Ramesses II
（エジプト　新王国時代（第19王朝））
材質：花崗岩　サイズ(cm)：H 12.2、W 10.8、T 5.4
質量(g)：1860
表面にラメセス2世のカルトゥシュ銘をつけ、基部の一部が盛り上がり、異形の分銅とも思える石製品で重量は1,860g。

[A]

[B]

74 小型分銅　Stone weight
（エジプト　新王国時代以降）
材質：石　サイズ(cm)：H 5.2、W 5、T 3.7
質量(g)：182.5
本資料は新王国時代の2デベンに近い。

73 小型分銅　Stone weights
（エジプト　新王国時代以降）
材質：石　サイズ(cm)：A：H 4.5、W 4.5、T 2.97／B：H 2.4、W 2.4、T 2
質量(g)：A：95.9／B：19
各種の石製分銅。典型的なものは動物（牛など）形以外では蒲鉾形やマドレーヌ形で、硬質な石を使用し、時に重量の単位デベン数を示すが、分銅の実重量と古代の単位を同定することは難しい。

75 紡織具　Looming equipment
(エジプト　ローマ属領時代以降)
材質：木　サイズ(cm)：H 35、W 24、T 7.5
「緯打具（よこうちぐ）」と呼ばれる紡織具で、櫛状の筬（ヲサ）の前身にあたる。大型のナイフのように見える刃部に細かい使用痕がみられる。

中王国時代のクヌムヘテプの墓（ベニ・ハサン）
壁画に描かれた水平織機（トレース：伊井）

76 紡織具　Looming equipment
(エジプト　新王国時代)
材質：木　サイズ(cm)：H 60.8、W 45、T 4.5
「緯打具（よこうちぐ）」と呼ばれる打板と考えられる。同類がリーファから出土している。

[解説編]

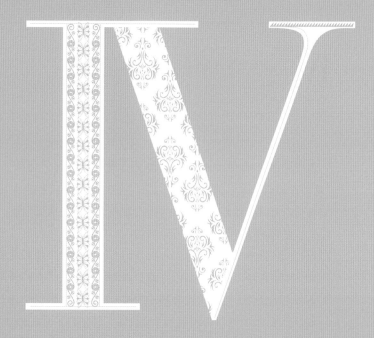

Dwellings of Gods, Kings and People

神・王・人の住処

IV 神・王・人の住処

山花京子

　現代の私たちがエジプトへ観光に出かけると、必ず「神殿」と「墓」を訪れます。神々の住処である神殿は恒久に存続するべきものであり、墓は死者の魂の休む場所だと考えられていました。それ故に生者の住居が葦やヤシのような植物性の材料で作られることが多いのに対し、神殿や墓は朽ちることのない石材で堅牢に造られました。古代エジプトの中で栄華を誇った新王国時代でさえ、王の居城や一般の人々の住宅についてはあまり多くのことは知られていません。

　本学コレクションの図版21（SK199）、図版82（SK200）は供物盆と言われるもので、中王国時代の庶民の墓前に供物の代用品として置かれたと考えられています。これらはシンプルな盆形に清浄な水を灌ぐためのT字形の溝とパンや果物、そして肉などの供物を象った粘土細工が載せられています。この供物盆の発展形として2階建や3階建の家を象っているタイプもあり、死者があの世で住まうための模型の邸宅だとも言われています。一般の人々の住居は質素で、日干煉瓦を積んでヤシの幹を梁として、屋根にはヤシやパピルスなどの茎や葉を乾燥させて使用していたようです。家の構造は現代エジプトの田舎の民家と類似した構造を持っていたようで、入り口には風よけを設け、入り口近くに客人や家族が集う広間があり、家族の部屋やトイレなどは広間より奥か階上にあります。家の囲いの中には家畜を飼う空

中エジプトミニア県のテヘネ村の様子。鉄砲水で住宅が押し流されてしまった経験をもとに、現在では石灰岩のブロックを積み上げて住宅を作る工法が主流です。
ⓒYAMAHANA

間が設けられている場合もあります。家の屋根の上は洗濯物や食材、燃料などを干したり保管したりする場所として使われていたようです。家屋の構造体そのものが日干煉瓦であるため、鉄砲水に遭うとひとたまりもありません。また、土中から上がってくる湿気によって劣化が進むため、常に補修をしながら住むことを余儀なくされます。

　一方、王宮については現在では不明な点が多くあります。王宮（あるいは王の居城）は石造りではなく、一般の人々と同じ日干煉瓦で造られることが多かったため、朽ち果てて現存していないからです。

マルカタ王宮のメイン・パレス「祝祭の間」より出土したファイアンス壁面装飾の復元　メトロポリタン美術館所蔵　ⓒYAMAHANA

テーベ西岸のメディネト・ハブにあるラメセス3世の記念殿　ⓒYAMAHANA

　20世紀初頭に主要な発掘が行われた新王国時代第18王朝のアメンヘテプ3世の王宮のあったマルカタは、現在発見されている中では最大規模の王宮です。王宮の中心にあたる建造物のメイン・パレスは短辺57ｍ×長辺135ｍあり、30ｍの長さの「祝祭の間」が中核を成しています。建造物の基礎は日干煉瓦造りですが、壁面には白漆喰を施し豊かな彩色で水鳥のいる水辺の情景や植物の茂みの中に牛が描かれた牧歌的な構図、そしてハゲワシの女神ヌートに守られた天井画など、宮殿の内壁は自然や家族の瑞々しい描写にあふれていました。特に「祝祭の間」には壁画だけではなく、ファイアンスや黄金で彩られた壁面や建築装飾物があり、王宮がいかに豪奢であったかを伝えています。宮殿の傍には後宮と思しき場所や従者の住宅、工房などもあり、王宮が単なる王や王族の住まいというだけではなく、王を頂点とする大き

な組織が存在した場所でもあることを示しています。古代エジプトの王は「神殿」、「王宮」、「軍隊」、「行政」という4つの大きな機構を統括していたと考えられており、そのうちの「王宮」には王が日々政務を司る場所もあれば官僚が政策を討議したり、国庫収入と支出を管理したりする場も兼ね備えていました。

一方、テーベ西岸のメディネト・ハブ（ラメセス3世の記念殿）は、王の魂を祀るための葬祭殿と生者としての王の居所という2つの機能を兼ね備えていた施設だと考えられていますが、今日そこへ行ってみると、王の居所部分は予想以上に狭く簡素であったことがわかります。もちろん、すでに3000年の時が経過していることによる構造の風化が簡素に見える大きな理由でしょうが、王の居室や寝室、風呂と見なされている場所は実際にかなり狭く感じます。王や神を祀った神殿部分には見上げるような塔門や等身大より大きな彫刻などで飾られていますが、塔門の裏に位置する王の住処は装飾もなくひっそりと存在しています。これは、ラメセス3世の恒久的な居城は下エジプトにあり、メディネト・ハブに造られた居所は一時的な休憩所といった機能を持っていたに過ぎないからであると解釈されています。

以上では庶民の家と王宮の概要を見てきました。次に神殿に目を向けてみましょう。堅牢な石材で造られている神殿はその飾辞句にもあるように幾千万年も神々の住処として機能するように造られました。そして神々の住処にふさわしい奉納物（図版77（SK212）、図版78（SK214））も花崗岩で造られました。花崗岩はアスワン付近以南でしか採掘されないため、王は使節を送ってアスワンで石切りを行い、ナ

メディネト・ハブ五座の間　©YAMAHANA

©YAMAHANA

イル川に石を浮かべた筏のような船を使ってギザのピラミッド神殿、河岸神殿やカルナックのアメン大神殿にも運びました。

　写真はアスワンの石切り場にまだ残るオベリスクです。このオベリスクは新王国時代に切り出され、カルナックのアメン大神殿に奉納されるはずだったのですが、オベリスクの母岩に亀裂が入っていることが判明し、工事が中断したまま放置されています。放棄されたオベリスク付近には、花崗岩を平らに削り出す際に使われたと思われるハンマー石（図版70A（SK447）、図版70B（SK448））が数多く残っています。

カルナック　アメン大神殿のオベリスク
ⓒYAMAHANA

　総花崗岩仕上げの建造物は、それまで花崗岩という色鮮やかで堅牢な石を目にしたことがないエジプト人にとってはたいそう立派で権威の象徴として映ったことでしょう。しかし、アスワンより石材を切り出して運ぶための費用は確実に国の経済を圧迫しました。したがって、新王国時代以降は花崗岩を使う建造物は激減しました。第3中間期以降はタニスの王墓のように、以前の時代に存在していた花崗岩造りの建造物や彫像を再利用する事例が多くなります。

　硬い石材だけではなく、本学コレクションの図版79（SK206）、図版80（SK210）のように墓や神殿あるいは王宮の建材として加工が容易な石灰岩が用いられています。石灰岩はノコギリで切ることができ、銅のノミや石器でも簡単に浮彫を施すことができます。職人は図版68

ディル・エル＝メディーナのイプゥイの墓壁画には木槌やノミを使って家具調度品を作っている場面があらわされている。
（トレース：伊井）

デンデラのハトホル神殿　優美な正面部分が特徴的な石灰岩造りの神殿　　　　　　　　　　　　ⓒ YAMAHANA

（SK357）の木槌や図版69（SK285）の鑿(ノミ)を使って作業を行いました。湿気のない砂漠気候のエジプトにとって、雨による石材の劣化は考慮に入れる必要もないため、特にプトレマイオス朝時代からローマ属領時代にかけて、優美な彫刻を伴う神殿が作られました。神々の住処の壁面や立体装飾には青（緑）、赤、黄、黒、白といった古代エジプトの5原色をふんだんに使い、建造物を荘厳に見せていました。2000年以上経過した今でもデンデラのハトホル神殿やカルナックのトトメス3世の祝祭殿には鮮やかな色が所々に残っています。

　古代エジプトでは識字率が低かったこともあり、多くの民に神々の偉大さを示したり、強大な王権を誇示する際には文字よりも絵や浮彫を使って視覚的に表現する方法が採られていました。したがって、壁面に描かれた神々の物語は文字が読めない人たちでもある程度理解することができました。また、時として神殿の外壁には王の戦勝記録などが巨大なスケールで描かれ、道行く人たちに王の偉業をアピールする格好のプロパガンダの場所にもなりました。

カルナックのトトメス3世の祝祭殿
ⓒ YAMAHANA

77 奉献碑推定復元図
（トレース：伊井）

77　奉献碑部分　　Naophorous statue fragment

（エジプト　新王国時代（第19王朝））
材質：結晶性砂岩　サイズ(cm)：H 34.5、W 18.4、T 15.5

祠堂の後ろ部分の形状より、ラメセス2世のセド祭関連のナオス（祠堂）を捧持する人物像が表現されていたと考えられる。2世の称号の表記法から、第2回セド祭（治世34年）以降のものである。

ディル・エル＝バハリのハトシェプスト女王葬祭殿にはアメン神に捧げられた供物と共に供献台も描写されている ⓒYAMAHANA

78　供献台脚部　Offering stand of Thutmose III

（エジプト　新王国時代（第18王朝））
材質：花崗岩　サイズ(cm)：H 59.5、W 34

トトメス3世がカルナックのアメン神殿の東端に建てたセド祭の祝祭殿 Ah-mnw 完成記念儀式に用いられた供献台の脚の部分で、上部は欠損している。脚の前面に縦方向の銘文帯がある。ここのアメン神名はその痕跡からアクエンアテン王時代に削除されたが、のちに修復されたことが判る。

79 桁飾り碑文断片　Architrave fragment

(エジプト　古王国時代（第5王朝）)
材質：白色石灰岩　サイズ(cm)：H 33、W 17.5、T 4.3
墓の入り口上部に刻まれる文言で、「墓場の主であるアヌビス神が被葬者に墓を与えんことを」と願う祈願文である。第5王朝時代のサッカーラの廷臣たちの墓には墓入口に同様な文言が刻まれた。

80 円柱部分？　Coloum fragment?

(エジプト　新王国時代（第18王朝）)
材質：石灰岩　サイズ(cm)：H 38.5、W 20.7、T 5.5
湾曲した表面から円柱の部分と思われる。銘はアテン神の賛美で、カルトゥーシュ中のアテン神の表記法から、アクエンアテン王の治世後半期のものである。

COLUMN
古代エジプトの神殿

山花京子

総合機関としての神殿の役割

　古代エジプトには統一王朝があらわれてピラミッド時代に至るまで、「王＝神」の概念があったとされています。つまり、王が世俗の長の役割と神聖なる者としての役割を兼任することにより、全ての権力や物資は王に集中する「中央集権」の構図があり、王は初期王朝時代よりナイル河畔に広大な「王領」を持ち、そこからもたらされるさまざまな富が王の葬祭施設に集積していたことがうかがえます。第3王朝時代のスネフェル王の「屈折ピラミッド」に併設された河岸神殿には、人格化された「王領」がさまざまな献上物を運んでいる浮彫が描かれています。王は神と同義として扱われ、絶大な力を誇示していました。ところが、この「王＝神」の認識が崩れる時代がやってきます。

　第4王朝時代ジェドフラーの頃に太陽神ラーが台頭し、第5王朝時代のウセルカーフの時代にはラー神は国家神と見做されるようになり、王は「太陽神の息子」と神から一歩下がった形であらわされるようになります。すると、それまで「王の言葉＝神の言葉」であったものが、王と神がイコールではなくなり、王は世俗の存在へと格下げされます。すると、神の言葉を代弁する存在—神宮—が必要になり、神と神宮はより一層結びつきを強めます。他方、王は現実社会を統治するための行政や司法の長としての役割が強化されました。王は神宮を介して神々に様々な物資を奉納し、神々による国家の守護と安泰を祈願しました。かつては王領であった土地も神々のために奉納され「神殿領」となり、その後は神殿に奉仕する神官たちの「私領」となり、神殿（神官団）は次第に王権を脅かすほどの財力と発言力を持つようになります。王領を凌ぐほどの神殿領を持つようになった神宮たちは神々のための儀式を司るだけではなく、神殿経営を行う必要に迫られました。

ギザのカフラー王のピラミッドと手前のピラミッド神殿　©YAMAHANA

したがって、神殿は当時のエリート層の神官たちが集まり、神殿経営のための日々の物資の出納についての財務や戦略を担う場所となり、また次世代のエリート層養成のために書記学校や医療機関など、さまざまな施設を併設した総合機関としての役割をも果たしていました。

カルナックのアメン大神殿

神殿は神々と人間が礼拝や儀式などを通して接する場所であり、また神々と人間のコミュニケーションの場でもありました。世界でも最大級といわれるカルナックのアメン大神殿を例に見てみましょう。

テーベ東岸にあるカルナックのアメン大神殿は、イペト・イスゥト（「最も選ばれた場所」）と呼ばれ国家神アメン・ラーに対して捧げられた神殿です。創建は中王国時代（紀元前2200年頃〜1650年頃）にさかのぼるといわれ、国家神をアメンと定めた中王国時代と新王国時代には特に王家による庇護を受けて大神殿へと発展しました。現在の神殿は100ヘクタール以上を占める広大なものですが、これは特に新王国時代以降の数々の王たちの増築の結果です。ここに祀られる主神はアメン・ラー（アメン神と太陽神ラーの習合体）ですが、エジプトの神は通常家族神とともに祀られることが多く、カルナックにおいてもアメン神、ムート神、コンス神の神殿が建てられました。特に重要な参道——ナイル川からアメン大神殿、アメン大神殿からムート女神の神殿の間、アメン大神殿からルクソール神殿の間——には羊頭スフィンクス（クリオスフィンクス）が置かれました。また、神殿には神船

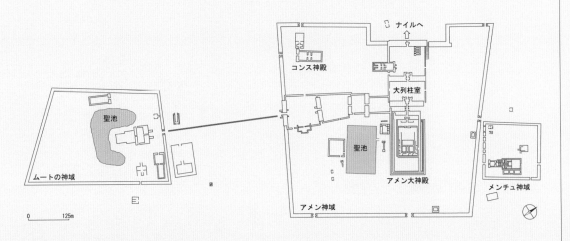

カルナックのアメン大神殿とその周辺
山花著（2010年）『古代エジプトの歴史—新王国時代からプトレマイオス朝時代まで』
慶應義塾大学出版会より抜粋改訂

が納められていた聖所以外にも列柱室や塔門、オベリスク、祭礼の際の神々の休憩所など様々な記念的要素を持つ建造物が新王国時代以降のハトシェプスト女王、トトメス3世やセティ1世、ラメセス2世、3世、タハルカやプサメティク2世、フィリポス・アルヒダエウス（アレクサンドロス大王の後継者）らによって建てられています。

　新王国時代にはアメン大神殿を中心とした祭りが華々しく行われていたという記録があります。アメン大神殿の神船が行幸する祭りは、アケト期（増水期）の第2月に行われた「オペトの祭り」と、シェムゥ期（収穫期）の第2月に行われた「美しき谷の祭り」があります。このうち以下ではオペトの祭りを紹介します。

オペトの祭り

　この祭礼は、1年に一度、カルナック神殿のアメン・ラー神がルクソール神殿に行幸し、ルクソール神殿に住まうアメン神・ムート神・コンス神の3柱神を訪れる行事です。祭礼の期間は歴代の王によって違いますが、たとえばトトメス3世では11日間、ラメセス2世では24日間であったとの記録が残っています。

　オペトの祭りは壁画が残されており、それによって行幸の大まかな内容が推測できます。祭りの主役はアメン神の神船です。ハリス・パピルスによると、新王国時代第20王朝のラメセス3世の治世中に祭りに使

同下（写真）　ⓒYAMAHANA

ルクソール神殿に描かれたオペトの祭りの模様（線画）（トレース：伊井）

ルクソール神殿　©YAMAHANA

われた船は最上級のレバノン杉で造られ、金や様々な装飾で飾られ全長67ｍにも達するものだったと伝えています。その神船はカルナックのアメン大神殿を出発したのち神官の肩に担がれ、スフィンクス参道を通り、ナイル川を遡りルクソール神殿へ到着しました。ナイルの岸辺では人々が神船をロープで曳き、楽師や踊り子も加わってにぎやかだったようです。ルクソール神殿では供物がささげられ、待ち構えていた高官や踊り子たちが神々を称え、神船より降ろされた神輿は神殿前の休憩所で一休みし、その後神殿に導き入れられさまざまな儀式が行われました。神殿内の儀式については浮彫にも残されていないため、不明なことが多いのですが、王権の正当性を高めるための「聖婚の儀式」や神による王への「戴冠の儀式」などがあったのではないかと推測されています。この祭りは神船を運ぶという人々の共同作業により神々と人々の結びつきを強めるとともに、「神に守られた王権」のイメージを人々に植え付ける効果的なプロパガンダでもありました。

神殿で執り行われる儀式

　毎日、神殿ではどのような儀式が行われていたのでしょうか。屋形氏（1982）はカルナクのアメン大神殿の大列柱室浮彫やベルリン博物館所蔵のパピルス文書などに基づいて、以下のように述べています。

※

「夜明けに身を清めた神官は少数の助祭だけを従えて至聖所へ従き、所定の呪文を唱えながら神祠の扉の封印を壊し、扉を開いて神像を取り出す。（神像を）香煙で清めながら衣服を脱がせ、洗い、化粧をし、香膏を塗り、

新しい着物を着せる。神の面前で食事の支度がされ、肉が焼かれ、パン、ビール、ワイン、ミルク、果物、野菜、花束が準備される。準備が終わると、供犠の儀式が行われ、神への食事が供せられる。食事が終わると、神像は神祠に戻され、扉が閉められて封印される。最後に殿（しんがり）を務める神官が箒で全員の足跡を消しながら至聖所を退出する。同じような儀式が夕方にも繰り返された。（屋形・鈴木　1982: 78）。」

参考文献：

Breasted, J.H.,
1909　　*A History of Egypt*, New York
Breasted, J.H.,
1962　　*Ancient Records of Egypt*, vols. III, IV, New York
Wilkinson, R.H.,
2000　　*The Complete Temples of Ancient Egypt*, Thames and Hudson London
屋形禎亮、鈴木八司
1982　　『聖都テーベ』　世界の聖都1　講談社　東京
山花京子
2010　　『古代エジプトの歴史―新王国時代からプトレマイオス朝時代まで』
　　　　慶應義塾大学出版会

81 タイル　Faience tiles

（エジプト　古王国時代（第3王朝））
材質：ファイアンス
サイズ（cm）：A：H 6, W 3.5, T 1／B：H 6.1, W 3.7, T 1.1／C：H 5.9, W 3.7, T 1.5／D：H 5.8, W 3.5, T 1.4／E：H 5.7, W 3.4, T 1.4／F：H 5.9, W 3.5, T 1.6／G：H 5.7, W 3.5, T 1.4／H：H 5.7, W 3.6, T 1.2／I：H 5.7, W 3.5, T 1.6／J：H 5.8, W 3.5, T 1.5
本資料はサッカーラのジェセル王階段ピラミッドの地下回廊の壁面装飾に用いられた約36000枚のタイルの一部と考えられるが、類例はエレファンティネなどからも発見されている。

ジェセル王のピラミッド　複合体地下より発見されたファイアンスタイルの壁
カイロ　エジプト博物館所蔵
©YAMAHANA

82 供物盆　Offering tray

（エジプト　第1中間期〜中王国時代）
材質：テラコッタ　サイズ（cm）：H 35, W 25, T 7
アシュート付近以南で出土する。おそらく石製品の代用。楕円形の盤の表面にはT字型の溝と外に通じる孔があり、T字の上に供物の食物類（牛など）の模型が貼り付けられている。時に盆上に儀式用の少支柱を立てたらしい穴がある。庶民階層の葬儀慣行の遺品であろう。

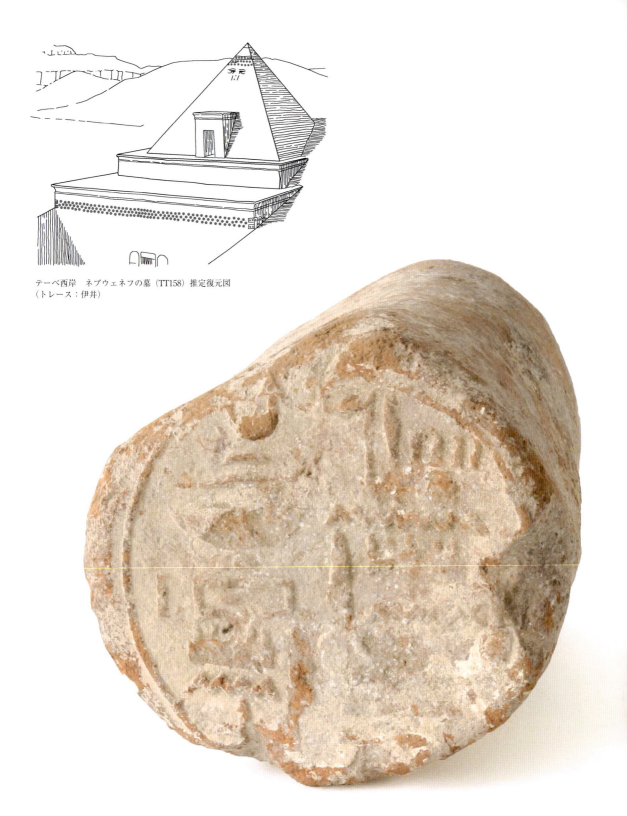

テーベ西岸 ネブウェネフの墓（TT158）推定復元図
（トレース：伊井）

83 墓軒装飾コーン　Funerary Cone

（エジプト　新王国時代）
材質：テラコッタ　サイズ(cm)：H 7.5、W 8、T 10.0
本資料の印面は中心を境に左に妻の名メニ、右にアメン神の第4神官ネフェルヘテプの名がある。赤色スリップを施した上から白色をかけている。トトメス3世〜アメンヘテプ2世時代の人物。

84 墓軒装飾コーン　Funerary Cone
（エジプト　新王国時代）
材質：テラコッタ　サイズ(cm)：H 11、W 6.7、T 6
円錐形が主流のコーンだが、このような角錐もある。アメンラー神の金細工師アメンエムハトの銘がある。印面全体と胴部の3分の1ほどに赤色スリップが施されている。

85 墓軒装飾コーン　Funerary Cone
（エジプト　新王国時代）
材質：テラコッタ　サイズ(cm)：H 8、W 7.7、T 6.5
このような形状のものは中王国時代からあるが、新王国時代にもっとも多く作られた。岩窟墓の入り口上部の墓軒飾りと推測されている。本資料はコーンに赤色スリップをかけた後、印面に白色スリップを施している。印面によると本品は侍従長のアメン・エム・オペトのもの。「オシリス神のもとで声正しき者」とある。

COLUMN
夢と神託

山花京子

　不思議な夢を見たときなど、特にその夢の意味が知りたいと思う時がありますね。また、夢が何かの予兆ではないかと心配になったりする時もあると思います。古代エジプト人も同じで、眠りは生きている人間を神の世界へと導き、神々と対話のできる場所と考えられていました。夢で神より啓示を受ける事例は第18王朝時代のトトメス4世の「夢の碑」や、第25王朝時代のタヌタマニ王治世の記録にもあらわされているほどで、夢が今後を占う重要な鍵となっていたことがわかります。

　古代の人々は夢を見ると、その吉兆を占うために賢者、識者や神官に相談しました。「吉日と凶日の暦」は中王国時代から存在していたようですが、それが新王国時代末期に書写されて現代に残っています。

　これから紹介するチェスター・ビーティⅢ文書の持ち主は新王国時代（第20王朝）のディル・エル＝メディーナに住んでいた書記ケンヘルケプシェフでした。この文書は1928年にその隠し場所から偶然見つかったのですが、彼が所持していた「夢の書」（チェスター・ビーティⅢ, recto1-11）はこのように書かれています。

r.2.3
「もし人（男）が夢の中で鶴を見たとき……それは「良い」……その人は繁栄するであろう。」

r.2.6
「もし人（男）が夢の中でハスの葉をかんでいる夢を見たとき……それは良い……それはその人（男）が楽しく（生活を送る）であろうということである。」

r.2.7
「もし人（男）が的に向かって（矢を）射る夢を見たとき……それは良い……何か良いことがその人（男）に起こるであろう。」

r.7.13
「もし人（男）が熱い肉を食べている夢を見たとき……それは悪い……公平が行われないであろう。」

デンデラのハトホル神殿　©YAMAHANA

r.7.15
「もし人（男）が白いサンダルを履いている夢を見たとき……それは悪い……その土地から追放されるだろう。」

r.7.18
「もし人（男）が犬にかまれる夢を見たとき……それは悪い……なにか呪いをかけられたということである。」

　また、ギリシア文化の影響がエジプトへもたらされることによって、末期王朝時代以降のエジプトの神殿には新たに「サナトリウム」という施設が神殿に併設されるようになりました。夢のお告げを授かりたい人々は神殿に詣で、サナトリウムで眠りにつきました。神から神託が下されるまで病人はひたすら待ち続けたそうです。有名な例はデンデラのハトホル神殿の西側にあるサナトリウムで、病人はそこで眠りが訪れるのを待ち、神から癒しの神託を受けると同時に聖水を浴びたり飲んだりする治療が行われました。続くプトレマイオス朝になるとサッカーラには「インキュベーション・チャンバー」もしくは「ベス・チャンバー」なるものが造られ、そこを訪れる巡礼者は性的な機能回復を祈願して眠り、夢の中で神に癒される事を願ったと考えられています。

主要参考文献：

Spakowska, K.,
2003　　*Behind Closed Eyes*, The Classical Press of Wales, Oxbow Books London

Davies, V., and Friedman, R.,
1998　　*Egypt*, British Museum Press London

Gardiner, H.,
1935　　*Hieratic Papyri in the British Museum*, Third Series: Chester Beatty Gift, Vol. I, Text, British Museum London

Murane, W.,
1983　　*The Penguin Guide to Ancient Egypt* Aylesbury

Nunn,
1996　　*Ancient Egyptian Medicine*, University of Oklahoma Press Norman

Strauhal, E.,
1992　　*Life of the Ancient Egyptians*, University of Oklahoma Press Norman

Pinch, B.,
1994　　*Magic in Ancient Egypt*, University of Texas Press Austin

[解説編]

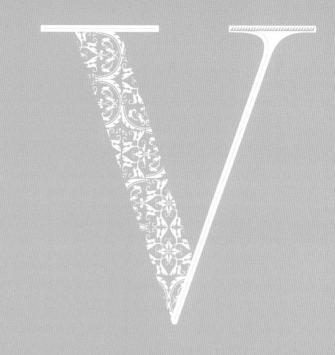

Language and Ancient Society

言葉と古代社会

V 言葉と古代社会

山花京子

　人間が共同体を営んでいくためには、コミュニケーションは必須です。古代世界でも人々共通のコミュニケーション言語が発達します。言葉は「お互いに理解し合うための手段」であるのに対し、文字とは「お互いに理解しあったことを正確に第3者、あるいは後世に伝えるための手段」として使われます。現代の日本語を例にとると、日本語の話し言葉「口語」はその使い手が10歳、30歳、50歳で大きく違いますし、性差や方言もあります。言葉とは、自分たちが生活する周辺の環境にうまく適応するために常に変化するものです。一方、書き言葉「文語」は話し言葉「口語」ほど変化のスピードは速くありません。基礎的な学校教育を受けた人であれば10歳であろうと60歳であろうと文章の意味を理解することが出来ます。

　それでは古代エジプト約3000年の歴史の中で言葉はどのように変化したのでしょうか。彼らも社会の変化に対応するために話し言葉や書き言葉を変えていったのでしょうか。

　古代エジプト語はアフリカや西南アジア地方にまたがる広い地域で話されているアフロ・アジア系の語族に属し、現在でも北アフリカで使用されているベルベル語やチャド語、中東で使用されているアラビア語、ヘブライ語に類似した言語であったようです。古代エジプト語は文字の記録が始まった紀元前3000年頃からアラブのエジプト征服（紀元642年）まで使用されましたが、現在は死語となっています。

　古代エジプトの象形文字の原型となるもっとも古い絵文字は第1王朝の王墓に副葬する物品を明確に識別

カルナック　アメン大神殿のオベリスクにはヒエログリフ（神聖文字）が刻まれている。©YAMAHANA

古王国時代の書記座像　ルーブル美術館所蔵
ⓒYAMAHANA

できるようにつけられた「タグ」だといわれています。そこからヒエログリフ（神聖文字）が発展したといわれていますが、初期のヒエログリフは名詞の羅列が多く、文法体系が整うのは第9王朝時代以降でした。

　ヒエログリフ（神聖文字）は古代エジプトでは「神の言葉の文字」あるいは「生命の家の文字」と呼ばれていました。表音文字と表意文字とで構成されていますが、書写に時間がかかるためヒエログリフを簡略化したものが古王国時代の第3王朝頃から使われるようになりました。これをヒエラティック（神官文字）といい、ギリシア語の「ヒエラティコス（神官の文字）に由来しています。次に紀元前7世紀頃からデモティック（民衆の文字）（エンコリアル「土着の文字」ともいう）が普及していきます。デモティックはヒエラティックより文字がさらに簡略化されており、ヒエログリフの原型から全くかけ離れた形をした文字も多く、ヒエログリフとヒエラティックが文法体系や書写方法に共通点があるのに対し、デモティックには共通点があまりありません。一般にデモティックで記されているものはプトレマイオス朝時代からローマ属領時代にかけての政治、経済、法律、そして宗教文書などに使われました。古代エジプト文明は紀元前3100年頃にヒエログリフの原型が使われ始めてから、紀元後394まで年の約3500年間ヒエログリフを使い続け、デモティックは紀元後497年までの約1200年間使われました。

　以上のような古代エジプトの文字の発達史は当時の社会情勢と密接に結びついています。特にデモティックの登場には、エジプトが東地中海世界に門戸を開き、ギリシア系の植民や傭兵を積極的に受け入れ始めた頃の下エジプトの方言が基盤となっています。その後プトレマイオス王朝となり支配階層の人々の公用言語はギリシア語となりますが、エジプト土着の人々はデモティックを使用し続けました。後続のローマ属領時代には、ラテン語が公用語として使われ、既存のデモティックはその時代に即した口語表現に変化し、紀元後2～3世紀以降になると、誰にでも読み易い表音文字を使ったコプト文字（コプト語）が使われ始めました。コプトとは「アイギュプトス」が転訛した言葉で（第Ⅵ章「コラム：コプト織の世界」を参照）、デモティックから7文字、ギリシア語から24文字の表音文字を借用して合計31のアルファベットを使い表記していました。しかし、コプト文字の使用は

ヒエラティック文書
図版87（SK116-003a recto）

デモティック文書
SK116-017-009b recto

　キリスト教が廃れアラビア語が日常言語として使われるようになると、キリスト教の典礼文書として細々と命脈を保つのみとなりました。このようにして、古代エジプト語は死語として長い間、その読み方も文法も謎に包まれたままでしたが、19世紀初頭にシルヴェストル・ドゥ・サシやトーマス・ヤング、そしてシャンポリオンなどの地道な研究により解読がなされました。解読にまつわる物語については、鈴木八司著『王と神とナイル』第１章に詳細な経緯が記されています。

　古代エジプト語の文字解読が可能になって以来、さまざまなパピルス文書の解読が行われてきました。古代エジプトの代名詞ともいえる『死者の書』などの宗教文書には『コフィン・テキスト』や『ピラミッド・テキスト』といった前身となる呪文集が存在していたことも分かりました。このような宗教文書だけではなく、すでに中王国時代において、『ネフェルティの予言』や『シヌへの物語』などの政治的プロパガンダの強い文学作品、『難破した水夫の物語』などの想像文学、『職業への風刺』のような教訓文学、『人生に疲れた男と魂との会話』のような厭世文学など、様々なジャンルの文学が存在していました。後続の新王国時代になると『ハリス・パピルス』のような国庫収

支や交易の記録など、国家行事の備忘録的性格を持った書物が記されたり、『ハーレム陰謀パピルス』に代表される王宮スキャンダルと裁判記録に関する詳録も残されています。

　これらの文書からは、古代エジプト人にとっての来世の概念—あの世とはどのような場所で、あの世で「生きる」とはどういう意味を持つのか—、倫理観—何が善で何が悪なのか—、神への認識—神とは自分にとってどのような存在で、何をしてくれるのか—、幸せとはどのような状態なのか、以上のような古代エジプト人の「声」を手に取るように理解できるようになりました。

　本学コレクション（AENET）のパピルス文書には末期王朝時代およびプトレマイオス朝時代の会計文書、裁判記録、契約文書、宗教文書などが多く含まれており、現在文献学者によって解読が進められています。これらの解読によって古代エジプトの社会像が更に明らかになることを楽しみにしたいと思います。

参考文献：
鈴木八司
1970　　『王と神とナイル』沈黙の世界史2　新潮社　東京
屋形禎亮、大貫良夫、前川和也、渡辺和子
1998　　『人類の起原と古代オリエント』　世界の歴史1　中央公論社　東京

COLUMN
書記になれ

山花京子

※

私は多くのムチ打たれる人々を見てきた。
お前は心を本に据えて（勉強しなさい）。
私は労働力のために捕らえられてきた人々を多く見てきた。
本よりよいものはないぞ
それは水に浮かぶ船のようだ
（中略）
おまえが母親を愛する以上に書記（と言う職業を）愛させてみせよう
おまえにその素晴らしさを見せ付けてやろう
（書記は）この世の職業の中で一番よいもの
国中にこれほど良いものはない
（中略）
チョウナを振るう大工は
農夫よりも疲れている
彼の畑は木材で、彼の鋤はチョウナだ
彼の仕事に終わりはない
彼は己の腕の限界を超えて働き
夜は明かりを灯してまで（働く）
宝石職人は錐で孔を空ける
さまざまな硬い石に
目に象眼を施した後は
彼の腕はもはや使いものにならないほど疲れている。
日が沈むまで座りつづけ、
彼の膝と背中は筋肉がつってしまう。
（中略）
どうだ、上司のいない職業はない
書記以外はな
書記はみずからがボスである
しかるに、読み書きができるなら
おまえには良い（将来が）あるだろう
私が今示したもろもろの職業よりは
いずれも劣らず良い職業とは言えないのだから
（以下略）

Lichtheim, M.,
1975 *Ancient Egyption Literature*, vol.I, University of California Press pp.184-192 Berkley Los Angeles London
より山花により部分訳出

※

　これは中王国時代の教訓文学として知られる『職業への風刺』の部分訳です。この作品が語っているように、王族以外の人間が古代エジプト社会で出世したいと願う場合、まずは読み書きができるエリート＝書記となることが求められました。書記は通常王宮や神殿に付属する施設で教育を受けたようですが、その施設がどのような場所にあり、どのような教育が施されたのかは明らかではありません。

　しかし、新王国時代中頃には王宮に「カァプ」という養成機関があったことが知られています。ここでは王族や社会的に身分の高い者たちの子弟、エジプトが征服した土地の支配者の子弟だけではなく、身分は低くても才長けた若者が集められ、エジプトのエリートを養成する教育が施されたといわれています。質の高い教育を王族やその他の子弟たちが机を並べて受けることにより、親しい交友関係と共通のアイデンティティが生まれたとしても不思議ではありません。この施設で学んだ子弟は「カァプ」の卒業生であることを誇りとして、「カァプの子」という称号を自らの墓にまで記すほどでした。「カァプの子」は長じて地方総督や宰相などの要職に就いています。第18王朝のトゥトアンクアメン王の頃から頭角をあらわし、後に王朝最期の王となるホルエムヘブも庶出の身分だったとされていますが、若い頃から才覚が認められ、「カァプ」のような場所で学んだのかも知れません。

図版86（SK217）オストラカ　Ⓒ AENET

COLUMN
ユネスコのアブ・シンベルとヌビア遺跡群救済プロジェクト

山花京子

　1958年よりエジプトでは「アラブの星」と呼ばれた、ナセル大統領の強い指導力のもと、工業化が推し進められていました。工業で国を富ませるための電力供給源としてアスワンハイダム建設が計画されました。ところが、ハイダムを建設するとそこより上流のヌビア（現在のエジプト南端部からスーダンにかけての土地）遺跡群が水没してし

イタリアによる移築計画案には、地質の情報も盛り込まれていた。この図版はアブ・シンベル大神殿に多くの亀裂が走っていたことを示している。

移築前のアブ・シンベル大神殿と小神殿　ⓒAENET

まうことになります。この窮状をフランス人研究者がユネスコへ訴え、そしてアラブ連合共和国とスーダン共和国の両国政府が1959年にハイダム建設による水没地域の救済措置要請を行いました。そして1960年3月からエジプト・ヌビア遺跡救済国際キャンペーン（目標額4,000

移築工事開始時　ⓒ AENET

アブ・シンベル大神殿移築工事
ⓒ AENET

万ドル）が始まりました。欧米各国は競って調査団を派遣し水没地域へ派遣された調査団は35にものぼりました。日本政府もこのキャンペーンに学術的援助を行うために「ヌビア遺跡保存協力委員会」を発足させました。救済のための緊急調査ではカスル・イブリームやファラスなどのキリスト教遺跡、ブヘン、ミルギッサなどの王朝時代の遺

移築工事中　Ⓒ AENET

移設を待つファラオ顔部分
Ⓒ AENET

跡などの重要性が認識され、最終的に25遺跡がユネスコのヌビア遺跡救済国際諮問委員会によって移築保存の候補となりました。この後、移築場所の選定が行われ、アブ・シンベル大神殿と小神殿は元位置より60m高い岩山の上に移築され、フィラエ島のイシス神殿は近くのアルアギア島へ、カラブシャ神殿やベイト・エル=ワリ神殿、そしてケルタッシのキオスク、ギルフ・フセインの岩絵などはすべてアスワンの丘陵地帯に移されました。

巨大なファラオの顔がクレーンで吊り上げられる　ⒸAENET

移築後のアブ・シンベル大神殿
ⒸAENET

一連の救済プロジェクトの中で、世界中の注目を浴びたのはアブ・シンベル大神殿と小神殿の移築でした。フランスやイタリアが移築案を出しましたが、最終的には神殿の石材をブロックとして切り出し、移築場所で組みなおすスウェーデン案が採用されました。

　若き日の鈴木八司は外務省より派遣された職員としてこの救済キャンペーンをつぶさに見届けました。ナイル川上流の水没から救う遺跡などを自ら積極的に調査して廻り、貴重な記録や写真を数多く残しています。本書や展覧会で紹介している写真はこの調査旅行時に撮影したものが多く使われています。鈴木が小型船でナイルを遡って調査を行った記録は岩波書店より『ナイルに沈む歴史』（1970年）として出版されています。鈴木は調査を進めるうえで、エジプト文化に席捲されながらも独自の文化を保持し、エジプトで強大な王権が不在の時はその空白を埋めるようにファラオを輩出してきた「雑草の根」のように逞しいヌビア文化というものに強い関心を抱いていたことがうかがえます。それは鈴木がこの救済キャンペーンのための調査において触れ合った多くの素朴で我慢強いヌビアの人々と古代の人々の面影が重なったからだと考えます。

　アブ・シンベル大神殿と小神殿の移築工事が1963年から1968年にかけて行われていたころ、3600万ドルの費用を分担捻出するために日本においてもエジプトのプロモーションが行われ、啓蒙活動の一環として本邦初の『ツタンカーメン展』が1965年に催されました。この展覧会は空前の大ブームとなり、293万人の観客を動員するほどの話題となりました。

　水没を免れた遺跡群の一部は、1979年にユネスコによって「アブ・シンベルからフィラエまでのヌビア遺跡群」という名で世界文化遺産の指定を受けました。しかし、鈴木は『王と神とナイル』の中で、以下のように語っています。

※

　古代の遺跡はすべて蘇った。近代科学と国際協力の勝利かもしれない。

　しかし、われわれは一つ忘れていたことがある。それは、ヌビアに住むヌビア人の問題である。上・下両ヌビアを合わせて約10万人の人々が、故郷を失った。スーダンの場合には陸行1500キロも離れた南方のカシム・エル・ギブラに、アラブ連合の場合にはコムオンボに、それぞれ強制的に移住させられた。10万の人間が、人工的に強制移住させられた事件は歴史上いまだかつてあっただろうか（鈴木　1970, p.335）。

※

　そして移築を終えた遺跡群は現在、ナセル湖クルーズを楽しむ人々

の絶好の観光スポットとなっています。遺跡の姿は人々の記憶に残ることとなりました。しかし、残念なのはそれら遺跡がある本来の場所から移築されているため、土地との関連性が断ち切られてしまっていることです。ヌビアの神殿は、ヌビアの神々と古代エジプトの神々の

移築途中のトラヤヌス帝のキオスク　ⓒAENET

フィラエ島イシス神殿移築工事
ⓒAENET

移築後のイシス神殿
ⓒYAMAHANA

融合を図る目的で建造されており、その立地には特別な意味が込められていたはずです。したがって、遺跡を現位置から切り離して移築を行う際には、移築先の立地環境に対する配慮を十分に行う必要があります。

　この世界初の遺跡救済プロジェクトが現在の我々に与えてくれた教訓は、現在の文化財保存システムの構築に大きく役立っています。

参考文献：
鈴木八司
1970　　『王と神とナイル』新潮社　東京
Italconsult S.p.A, Imprese Italiane All'estero S.p.A.
1960　　*Saving the Temples of Abu Simbel, Preliminary Design*, 1~7, Rome

86 オストラカ　Ostraca
（エジプト　新王国時代）
材質：石灰岩（破片）　サイズ(cm)：H 19.9、W 12.6、T 4.3
古代エジプトでは、パピルスは高価であったため、学習やメモ用には安価な石や土器の破片が利用された。中でも石灰岩の破片が最も多い。ここに示した例は、「死者の書」の呪文の一部で、石灰岩の破片にヒエログリフの文章を書く練習または下書きをしたものと思われる。破片の両面を利用しており、赤字で整った字を書いているのが師匠で黒が弟子のものと思われる。おそらく第19王朝のディル・エル＝メディーナ出土。

87 パピルス　Papyrus fragment
（エジプト　新王国時代末期）
材質：植物繊維　サイズ(cm)：H 37、W 30、T 0.7
ヒエラティックで書かれた名詞のリスト。現在解読が進められている。上質の大判パピルス紙を用いている。

recto

88 パピルス　Papyrus fragment
（エジプト　末期王朝時代〜プトレマイオス朝時代）
材質：植物繊維　サイズ(cm)：H 30、W 35、T 0.7
アピス聖牛の言及があることから、アピス聖牛のミイラ作りに使われたものである可能性がある。

recto

89 パピルス　Book of the Dead fragments
（エジプト　プトレマイオス朝時代）
材質：植物繊維　サイズ(cm)：H 30、W 35、T 0.7
「死者の書」の一部で、死者の心臓が審判にかけられあの世に入る資格があるか否かを審議される場面に並ぶ神々を描いていると考えられる。

verso　　　　　　　　　　　　　　　recto

90　パピルス　Cartonnage fragment
（エジプト　プトレマイオス朝時代）
材質：植物繊維　サイズ(cm)：H 30、W 35、T 0.7
パピルス文書は後の時代に再利用され、動物ミイラを作る際に使われた。ミイラに泥や布、パピルス断片などを貼りつけてミイラの外側表面を作る技法をカルトナージュという。

91　インク壺　Ink well
（エジプト？　イスラーム時代）
材質：陶器　サイズ(cm)：H 7.8、W 7.4、T 7
この形はローマ時代から連綿と受け継がれている。この容器の中にインクを入れ、葦などのペン先をインクに浸して文字を書いた。

COLUMN

ナポレオンの『エジプト誌』

山花京子

　ナポレオンは1798年から1801年にかけてエジプト遠征を行いました。そのとき、彼は軍隊だけではなく画家や博物学者、技術者、測量技師など167名で編成された学術調査団を同行させています。学術調査団はナイル河畔の遺跡やエジプトの動植物相、植生などを克明に記録し、その調査結果は1809年から1828年にかけて刊行されたと言われています。書名は *Description de l'Égypte, ou Recueil des observations et des recherches qui ont été faites en Égypte pendant l'expédition de l'armée française*（エジプト誌またはフランス軍エジプト遠征の際のエジプトでの観察と調査の集大成）ですが、通常は略して *Description de l'Égypte*『エジプト誌』と呼ばれています。

　現在までに刊行されているナポレオンの『エジプト誌』にはいくつかのバージョンがあります。1802年に皇帝ナポレオンにより編纂の命が下り、初版は1809年に捧げられました。通常合計23巻で構成され、古代篇（Antiquités）、現代篇（État Moderne）、自然史（博物）篇（Histoire Naturelle）に分かれています。古代篇の第1巻にはフィラエ島、エレファンティネ島とその周辺、コム・オンボ、シルシラ、エドフ、エル・カブ、エスナ、エスナ周辺、アルマントが記録されており、第2巻にはテーベのメディネト・ハブ、メムノンの巨像、クルナ、墓（地下）、王家の谷、第3巻にはテーベのルクソール、カルナック、メダムード、テーベの図版、第4巻にはコース（アポリノポリス・パ

『エジプト誌』中型本のサイズ
人物と比較すると大きさが分かる。

遺跡篇　第1巻　第49図

ルバ）、コプトス、エンデラ、アビュドス、カウ・エル＝ケビール（アンタエオポリス）、シウト（リコポリス）、アシュムネイン、アンティノエ、ベニハサン、ファイユーム、ファイユームとその周辺、第5巻にはメンフィスとその周辺、メンフィスのピラミッド、ナイル渓谷とマレオティス湖、バビロン、バビロン周辺とカイロ、ヘリオポリス、ヘリオポリス周辺とアトリビス、タニス、スエズ、ブバスティス、トゥムイス（テル・エル＝ティマイ）、デルタ、セベンニュトス周辺、アレクサンドリア、アレクサンドリアの周辺、タポシリス、パピルス文書、ヒエログリフとインスクリプション、コインと考古遺物コレクションの図版が収められています。

　図版はすべて緻密な銅版画で、手彩色のカラー図版を含み、約400人の銅版画師が20年の歳月をかけて丹念に作り上げた大作です。次頁に示した動物篇第1巻第12図をご覧いただいてもわかるように、羽根の一枚一枚まで丹念に彫って表現してあります。さらに全体の色付けには自然なグラデーションが施されており、色合いがもつつややかさは本物と同じような質感があります。

　初版にはエレファント判という超大型本が含まれ、もっとも大きな

ものは縦106cm、横幅は開くと140cmほどになり、これを開くためには広いスペースと力が必要です。エレファント判には古代篇や博物篇などの図版が収められており、芸術の域に達している銅版画を鑑賞するためには好ましい大きさですが、資料として使用する際には大きくて重すぎることが災いし、第2版からはより利用しやすいサイズに変更されました。

東海大学付属図書館には上記のエレファント判を含む初版本が貴重図書として所蔵されています。19世紀初頭に出版された『エジプト誌』を収蔵する日本の図書館は非常に少ないため、東海大学では所蔵している貴重な資料を日本の皆様に知っていただけるよう本展覧会に出品協力をしています。

遺跡篇　第4巻　第12図

現在のデンデラ　ハトホル神殿の柱　©YAMAHANA

遺跡篇　第5巻　第8図

現在のギザ台地　ⓒETAYA

『エジプト誌』にはナポレオンが行軍をした当時のエジプトの様子が克明に記録されています。たとえば、当時スフィンクスは胴体のかなりの部分まで砂漠の砂に埋もれていました（第5巻　第8図：左図参照）。現在のスフィンクスは砂が完全に除去されたのち、元来もろい岩質の部分が補強され修復されています（下図参照）。そして、周辺の砂が除去された結果、ナポレオン当時には存在が確認されていなかったスフィンクス神殿やカフラー王の河岸神殿なども姿を現しています。比較のために現在のギザ台地の写真を前頁下に掲載しました。ピラミッドは同じように見えるものの、手前には地下水の上昇による緑地帯が広がり、スフィンクスを隠しています。

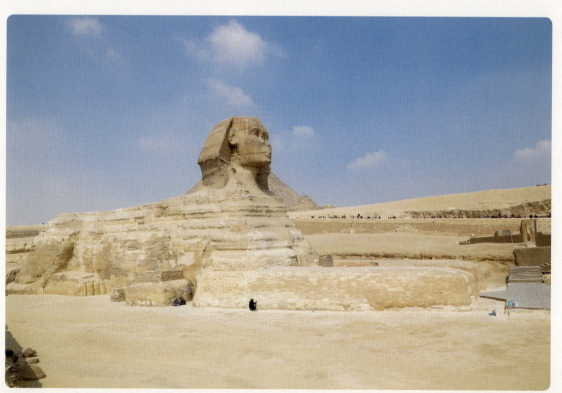

2008年当時の写真　Ⓒ ETAYA

[解説編]

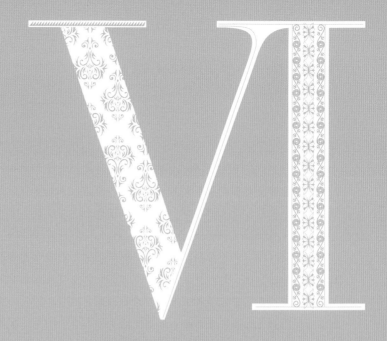

VI

From Rome, Copt to Islam

ローマ、コプトからイスラームへ

VI ローマ、コプトからイスラームへ

山花京子

　古代エジプトの王朝史は紀元前30年のクレオパトラ7世の死によって幕引きを迎えます。マルクス・アントニウスとクレオパトラを追ってエジプト入りしたオクタヴィアヌスは初代皇帝アウグストゥスとしてエジプトを私領に組み込みます。以降、エジプトは「ローマの穀倉」と呼ばれ、ローマ帝国に農業生産物や租税や石材などを供給する属領となりました。先のプトレマイオス朝がエジプト人とマケドニア人などのギリシア系入植者を融和させる政策を採り、社会の少数派である支配階級と大多数派である被支配階級の人々の心情に配慮しようと努力していたのに対し、ローマ帝国は圧倒的な数の兵士や植民をもってエジプトの土着民を完全に支配する政策を採りました。端的に言うと、ローマ帝国の関心事は常に中心地ローマにあり、エジプトのような辺境地は必要物資の供給地以外のなにものでもなかったのです。ローマの文化はそれまでのギリシア文化をほぼそのまま踏襲しました。その傾向は美術や建築においては顕著で、たとえばプトレマイオス朝時代のすでにギリシアの整然とした街のレイアウトが存在した場所にローマ市民の憩いの場所である浴場を付け加え、彼らの使いやすいように都市の増改築を行いはしましたが、既存の都市をことごとく破壊して全く新たに自らの街を造ることはありませんでした。

アレクサンドリアのコム・エル＝ディッカにあるギリシア・ローマ支配時代の建造物と彫刻　©YAMAHANA

　宗教的な側面を見てみると、それまでプトレマイオス朝はエジプトの宗教を温存し、ギリシアの神々とエジプトの神々を対等の関係で同

化させていこうと試みていました。たとえばプトレマイオス朝の初めからエジプトのイシスとオシリスの信仰は汎地中海世界の信仰へと発展し、エジプトの神々とギリシアの神々を融合させた「セラピス」神が新たに創設されエジプトのみならずギリシア各地にも神殿が造られました。一方、新たな統治者ローマ帝国はギリシアの神々を基礎として神々の体系を構築していました。しかし、紀元前後に興ったキリスト教は紀元後40年前後に使徒マルコによりアレクサンドリアで布教が行われ、これを機に早いスピードでエジプトの土地に浸透して行ったといわれています。エジプト全土にキリスト教が広まったのは紀元後2〜3世紀頃のことです。

　つまり、エジプトは政治権力を持った支配者が入れ替わり、少したってから今度は宗教的に大きな変革の時期を迎えることになりました。この頃のエジプトの様子はまだよくわかっていませんが、コプト語の聖書は紀元後2〜3世紀に多く書写されています。

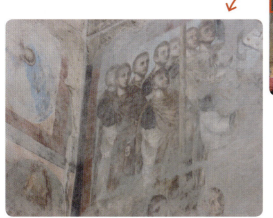

ルクソール神殿はコプト教徒によって教会へと転用された。壁面には使徒たちの描写が遺されている　©YAMAHANA

　キリスト教は「聖と俗」がはっきりと区別されています。つまり、精神的に神を信じる、という行為そのものが尊いと見なされる宗教であって、教義自身が信徒の生活や社会生活を統べる法規を作り出すことはありません。完全な「政教分離」の思想の上に成り立っています。それは、キリスト教成立前に存在していたユダヤ教の生活を縛る

現在オールド・カイロに残るイスラーム寺院(モスク)。窓には十字架のモチーフが残り、このモスクの前身はコプト教会であったことがわかる。ⓒYAMAHANA

フィラエ島のイシス神殿も一部コプト教会として転用された。柱には十字架の痕が残る。ⓒYAMAHANA

　教義とその選民的思想から離れた新しい宗教であるキリスト教の特徴でもあります。

　エジプトのキリスト教徒たちは、初期の段階では人里離れた場所での隠遁を好み、単独あるいは少人数の集団生活を送っていました。彼らの生活は物質文化はきわめて質素で、礼拝所の装飾も殆ど無いか、抽象的かつシンプルな文様が描かれるのみでした。しかし、次第に都市部でもキリスト教信徒の数が増え、ローマ帝国にとって迫害を加えることが逆に不利益をもたらすようになりました。紀元後313年のミラノ会議にてキリスト教が公認され、380年にはローマ帝国の国教となりました。

　エジプトもキリスト教徒が大手を振って町を歩けるキリスト（コプト）教国家となり、コプト教徒は新しい時代の到来を祝って王朝時代から存続していた神々の神殿などを次々に破壊、象形文字の使用も394年に途絶えてしまいます。そして当時、知識の集積地であったアレクサンドリアの図書館も414年に破壊されました。

　エジプトがコプト教化する前後の動乱には激しいものがありましたが、物質文化に代表される変化は比較的緩やかなものでした。つまり、プトレマイオス朝時代にヘレニズム化したエジプトの生活様式や美術様式はその後ローマ属領時代になり、そのローマがコプト教を認めた後でも物質文化としての断絶は見受けられない、ということです。

図版98（SK12-3）はホルス神が汎地中海で受け入れられた姿で「ハルポクラテス」と呼ばれていますが、ハルポクラテス像はエジプトの第26王朝（末期王朝時代）にギリシア系植民地の建設を始め、東地中海に門戸を開いた頃からローマ属領時代（紀元後2世紀頃）まで連綿と作られています。ただし、末期王朝時代からプトレマイオス王朝時代のハルポクラテスは子供とはいえ、大人とほぼ同じプロポーションで身体を表現しています。しかし、ローマ属領時代となり、神像がより安価なテラコッタで量産されるようになると、ハルポクラテスは、以前よりも子供らしいふくよかな表現で表されるようになります。コプト時代に入ってもテラコッタ神像は作られ続けますが、より平面的な表現となり、目の表現が際立つようになります。

　王朝時代の美術規範はプトレマイオス朝時代に受け継がれ、特に末期王朝時代の終わり頃のものはプトレマイオス朝時代の初期のものと区別がつきません。マケドニア人の征服王朝は美術表現においても前時代の伝統を温存しようと努めました。しかし西洋古典の立体美術表現が次第にエジプトの立体彫刻にも採用されるようになり、エジプトの伝統的な平面を重視した表現方法は立体的なものに置き替わって行きます。写真左下の女神像はナウクラティスなどのギリシア人入植地で作られていたテラコッタ人形ですが、このような表現様式がエジプトの伝統美術と融合し、写真右下のような簡略化した形へと変化します。

　このような美術表現の変化はローマ属領時代からコプト時代にかけておこります。つまり、ヘレニズム時代の洗練された細やかな表現から太く深い溝を彫り陰影を強調した表現を好むようになりました。コプト織（第Ⅵ章　コラム「コプト織の世界」参照）につ

紀元前4〜3世紀頃に流行したテラコッタ女神像
国立アレクサンドリア博物館所蔵　ⓒYAMAHANA

「祈りのイシス」と呼ばれるテラコッタ像で、ローマ属領時代からコプト時代にかけて豊饒を司る母神信仰が興隆したため、このように股を開き、手を挙げたポーズの女神像が多く作られた。図版99（SK12-2）もこのタイプかもしれない。カイロ エジプト博物館所蔵　ⓒYAMAHANA

ても同様で、初期のコプト織にはギリシアあるいはローマの神々が表現されている物が多く、織の表現も精緻ですが、次第に多色使いの聖人の姿や抽象化した文様が登場します。

　エジプトのコプト時代とは、神聖ローマ帝国が東西に分裂した後の「ビザンツ（東ローマ帝国）」時代とも並行していますが、両者の物質文化は決して同じではありませんでした。コプト教徒は東ローマ帝国皇帝によるコプト教の総主教任命と行政権付与を良しとせず、自らの総主教任命と行政権を取り戻そうと大きな暴動を起こしました（541年）。このように、コプト教徒たちは常にエジプト固有のアイデンティティを守ろうとしましたが、これは宗教だけではなく、僧院建築や文学、そして焼きもの（陶器）や織物などの物質文化にも及んでいます。図版121（SK42-7, 42-16, 82-10）はラスター彩陶器と呼ばれるもので、金色に近い金属光沢を放つ釉薬を使っていることから珍重されました。金属釉薬を焼き付ける方法は紀元後8世紀頃にエジプトに存在していたガラス器に金属エナメル装飾を施す技法から発達したと言われています。ラスター彩陶器は中国陶磁に似せた錫白釉陶器素地の上に酸化金、酸化銀、酸化銅などの金属釉薬を使い文様や図柄が描かれ焼成されています。都市民の購買力が高まった8世紀末〜9世紀前半にかけて、唐白磁・唐三彩・青磁などの良質な中国陶器が輸入され、また、それらを模倣しイスラーム風にアレンジを加えた陶器も作られるようになりました（図版122（SK54-2-3, 52-2-7, 55-1-7）、図版123（SK54-1-3, 54-3-6））。器形は盤や鉢などが主流でしたが、小皿や水差しなど様々な形もあります。陶器の器面には複雑な幾何文様図や人物絵、物語絵などが描かれました。この頃は物質的に豊かな時期で、金属工芸も盛んになり、豪奢な金属器を所持する人々も現れました。このような贅沢を好む気風を戒めるためか、アッバース朝カリフは金属器使用を禁止したため、人々の目はさらに陶器に向けられるようになり、ラスター彩陶器が流行するようになったと言われています。ラスター彩陶器の余白を埋めるように描かれた魚子文（ななこもん：金属器をつくるときに現れる打痕文に似せたもの）が多くみられるのも、金属器の代用品説を裏付けています。

　ラスター彩陶器は11世紀に入ると窯業地が増え、12世紀には精巧なラスター彩陶が制作されていましたが、13世紀に入るとモンゴル諸勢力の侵攻によって陶器焼成技術は衰え、ラスター彩陶も作られなくなります。16世紀末に、再度ラスター彩陶が作られるようになりますが、陶器の質は全盛期に比べると劣っています。146-147頁（図版120

（SK42-7, 42-16, 82-10））のラスター彩陶器は全盛期の11世紀～12世紀ころのものと考えられています。

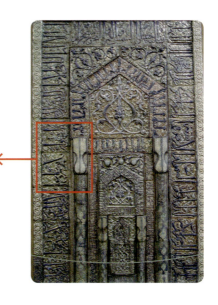

アリ・イブン・ジャファールのミフラーブ（ゴム、イラン）ミフラーブはラスター彩釉で覆われており、近寄る魚子文が観察できる。
ⓒ YAMAHANA

　ビザンツ（東ローマ）帝国とエジプトが宗教的対立をきっかけに睨み合っていた頃、預言者ムハンマドを介して神（アッラー）の言葉が砂漠の民に伝えられ、イスラーム教が勃興します。剣を掲げて侵略を繰り返す人々はやがてアラビア半島や西アジアに住む人たちを統合してアラブ軍となり、639年から641年にエジプトの地に到達しました。そして翌年、エジプトの人々が敵と考えていたビザンツ帝国軍を破ったことによって、アラブ軍はエジプトに「解放者」として迎え入れられ、ウマイヤ朝が成立しました。しかし喜びもつかの間、ウマイヤ朝は国庫の歳出増大を補てんするためにエジプトの民に重税を課すようになりました。そして逃亡や反乱の芽を摘むために徹底した人口調査や地籍調査、アラビア語公用化などを行い、最終的にはコプト教からイスラーム教へ改宗した者には税金を免除する、という法令を出しました。これを機に、エジプトの農民はこぞってイスラーム教へ改宗し、ムスリムとなって行きました。その後のアッバース朝、ファーティマ朝、アイユーブ朝、マムルーク朝、オスマン朝といったイスラーム教国家の支配が連続する中で、エジプトの民の多くはムスリムとなり、現在のエジプト人口約8000万人のうちの90％はムスリムが占めています。

　さて、キリスト教が「聖と俗」を明確に区別する宗教であると前述しましたが、イスラーム教は「政教一致」が原則です。預言者ムハン

マドに下された神からの啓示やムハンマドの言行は聖典『コーラン（クルアーン）』に記されており、そこにはムスリムが日常的に従うべき社会的行動の規範が記されています。さらに、ムハンマドはイスラーム教の実践の場として「教団国家（ウンマ）」を創り上げました。つまり、ムスリム同士が連帯し、共同体を維持するために制定された数々の規範に従ってこそがムスリムである、ということです。

（左）シタデル（ムハンマド・アリー　モスク）と（右）カイロの古い街並みを残すハン・ハリーリ　現在では土産物屋が軒を連ねている。ⒸYAMAHANA

　エジプトがイスラーム教国家となってから1300年以上の時間が経過している今、現在のエジプト人は古代のエジプト王朝時代に対してどのような認識を持っているのでしょうか。エジプト・アラブ共和国は観光、石油輸出、出稼ぎ送金、そしてスエズ運河通行料が国家収入の大きな柱です。2011年の大規模デモによるムバラク政権崩壊後、政情不安が続き、一時無政府状態となったため、観光客受け入れがストップし、観光産業に携わる人々に大きな打撃を与えました。エジプトカイロ博物館をはじめ各地の博物館や美術館において貴重な遺物の略奪や破壊行為が続けざまに起き、現在では沈静化しているものの政情不安によって一挙に憂慮すべき状態へ陥ってしまう国の脆弱さが明らかになりました。
　博物館や美術館での略奪行為が頻発していた頃、「貴方の国の大切なものをなぜ盗むのか」とジャーナリストが問いかけたところ、窃盗犯の一人は「これらは私たちとは関係のない昔ここに住んでいた人達の物で、私たちにとっては一銭の価値もないが、国外へ売ると高値がつくから盗むのだ。」と答えていたのを憶えています。つまり、現在の人々にとって、「国の宝」は「国が管理している宝」であって、「自

ミニア県の土器工房にて
ⓒ YAMAHANA

分たちの宝」という認識は持っていないのです。王朝時代が終焉を迎えてすでに2000年以上経過していることを差し引いても、彼の地の人々が持つ「歴史の断絶」感は、古きを全面的に否定しなければ新しきを創造できないという強い意志によるものと善意に解釈する他ないのでしょうか。

　とはいえ、実際に現在のエジプトを訪れてみると気さくで明るく、親しみやすい人々ばかりであるのに気づくでしょう。カイロやアレクサンドリアなどの都市部でも、道に迷えば親切に助けてくれるし、自宅での食事に誘ってくれたりもします。農村部では都市部以上に賓客としてもてなしてくれます。人々の生活深くに根付いたイスラームの教えを守りつつ暮らす姿には、異文化から訪れる者を懐かしい心持にさせる何かがあります。

主要参考文献：
黒田壽郎
1980　　『イスラームの心』　中公新書　572号　中央公論社　東京
鈴木八司　編著
1981　　『西アジア　中東の現状を理解するために』　テレビ大学講座　現代
　　　　　アジア論Ⅱ　旺文社　東京
山花京子
2010　　『古代エジプトの歴史―新王国時代からプトレマイオス朝時代まで―』
　　　　　慶應義塾大学出版会　東京

92 コプト布　Coptic textile
（エジプト　コプト時代）
材質：亜麻と羊毛　サイズ（cm）：H 26.7、W 14.8
白地に紫の帯を2本織入れ、その上に刺繡で十字と組紐装飾を施している。紫の染料は巻貝から少量取れる分泌物を使い、「皇帝紫」と呼ばれた。

93 コプト布　Coptic textile
（エジプト　コプト時代）
材質：亜麻と羊毛　サイズ（cm）：H 15.5、W 9.5
チュニックの部分と考えられる。茶色地にループ織で樹状文が施されている。ループ織はコプト時代でも比較的後期の装飾技法である。

94 コプト布　Coptic textile with floral stitches
（エジプト　コプト時代）
材質：亜麻と羊毛　サイズ(cm)：H 11.5、W 11.0
花文は巻きつけ刺繍で作られている。マンドレイクの花を表現したものか。本来はチュニックの裾部分近くに対についていた。現在の地布と花文は別のものと思われる。

95 櫛　Comb
（エジプト　不明）
材質：木　サイズ(cm)：H 15、W 12.5、T 1
四角形の形をした木製の櫛で、両側に同じ太さの歯がついている。中央には透かし彫りで大型の動物がウサギのような小動物に襲いかかる図像が彫られている。裏面にも同じものが彫られているが、やや雑である。木製の櫛は古代エジプトの古王国時代から用いられている。

96 十字架　Glass cross
（エジプト　コプト時代）
材質：ガラス　サイズ(cm)：H 2.2、W 1.8、T 0.7
透明緑青ガラスを削り十字架のペンダントを作っている。

97 コプト人形　Coptic doll
（エジプト　コプト時代〜イスラーム時代）
材質：骨　サイズ(cm)：H 7、W 2、T 1.7
コプト人形といわれる骨製の人形である。コプトとは、エジプトのキリスト教徒のことを指すが、このような大きな目で描かれるのが特徴である。顔には眉、目、鼻、耳が彫られているが、胴部は横に線が1本刻まれているだけである。

98 テラコッタ神像頭部
Terracotta Harpocrates
（エジプト　ローマ属領時代）
材質：土器
サイズ(cm)：H 8、W 5、T 4.4
二重冠を被り、右にサイドロック（若年の髪房）を垂らしたハルポクラテス（子供のホルス神）である。神々の信仰が広く庶民に受け入れられ、テラコッタという安価な素材で神像が作られるようになった。

99 テラコッタ女神頭部
Terracotta female head
（エジプト　ローマ属領時代）
材質：土器
サイズ(cm)：H 11、W 8.4、T 3.4
ローマ時代に地中海全域で流行した髪形をした女神と思われるテラコッタ頭部。

100 ランプ
Oil Lamp
(地中海沿岸地域　ローマ属領時代)
材質：土器
サイズ(cm)：H 7.5、W 4.9、T 2.5
油の注ぎ口の周りには花びらのような飾り、筒口の根本にはパルメットの文様がつけられ、注ぎ口から外側に向かって放射状の線が刻まれている。凸面同士を上下で合わせた型作りで、裏面の土台には、工房の印と思われるＡの字が刻まれている。

101 ランプ

Oil Lamp

（東地中海沿岸地域　ビザンツ時代）
材質：土器
サイズ(cm)：H 8.6、W 6.4、T 4.4

卵形が特徴のビザンツ・ランプ。上部に広く開いている口へ油を注ぎ、灯芯口から灯芯を出し、火をともした。上部下部を別々の型で作り貼り合わせた製法である。

102 ランプ
Oil Lamp

（エジプト　イスラーム時代）
材質：陶器
サイズ(cm)：H 9、W 6.2、T 8

油を蓄える胴部から注油口と灯芯口が長く伸び、把手をもつ、マムルーク朝時代のランプ。現在は灯芯口が欠けている。灯芯口が黒くなっているのは実際に用いたのであろう。

103 ランプ
Oil Lamp

（エジプト　イスラーム時代）
材質：陶器
サイズ (cm)：H 10.9、W 6.5、T 5.7
ランプの胴部には蔓草文の線刻を施し、その上から緑釉をかけている。注油口が欠けている。

104 カット装飾瓶　Glass bottle with cut decoration
（イラン　イスラーム時代）
材質：ガラス　サイズ(cm)：H 7.9、W 5.5、T 5.5
首部には四角形、胴部には三重の円形のカット装飾が施され、瓶が安定するように底部は丸く削り出されている。初期イスラーム時代のイラク、イランのガラス器は、その前時代にあたるササン朝のカット装飾技術を引き継いでおり、ポスト・ササン様式と呼ばれている。本資料にもその特徴であるカット装飾技術が見られる。

[A]

105 フィルター　Filters of water jug
(エジプト　イスラーム時代)
材質：土器　サイズ(cm)：A: H 7.3、W 7.3、T 2
／B: H 6、W 5.8、T 3／C: H 7.7、W 7、T 2.2

飲料水を入れる素焼きの土器の頸部に取りつけられたもので、フィルターと称されている。表面には幾何文や動物文などの美しい透かし彫りの模様が施され、エジプトでのみ製作された。このようなフィルターを壺に取り付けた理由は装飾を楽しむため、ゴミが入らないようにするためなど諸説あるが、よくわかっていない。水を素焼きの土器に入れ外に置いておくと、その器の表面に水がしみ出し、気化熱によって内部の水が冷却されるという効果がある。現在のエジプトでも、外に水壺が置いてある光景を見ることができる。
[A]は9〜12世紀、[C]は10〜12世紀のもの。

現代の水壺　ⓒYAMAHANA
現在は簡単に穴が開いているだけである。

[B]

[C]

[A]

106 土製スタンプ　Stamps

(エジプト　イスラーム時代)
材質：土器　サイズ(cm)：A: H 7.5、W 7、T 3.2／B: H 6.8、W 6.8、T 3.8／C: H 9.2、W 8.5、T 3.5

土製円盤に文様が施され、反対側には把手があり、パンの表面に模様をつけるための道具という説がある。表面に4本足と尾尻を持つ動物［A］、ナツメヤシの木［B］、魚［C］の文様が施されている。文様はこれ以外に幾何文、文字文がある。

[B]

[C]

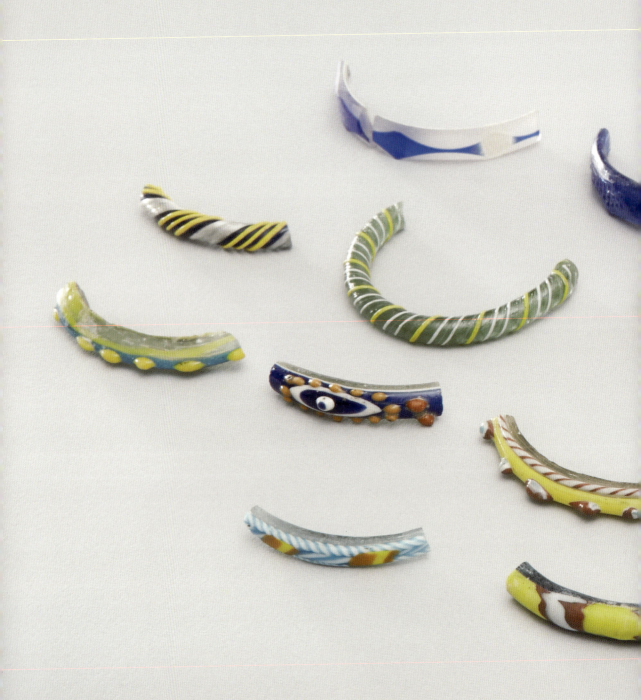

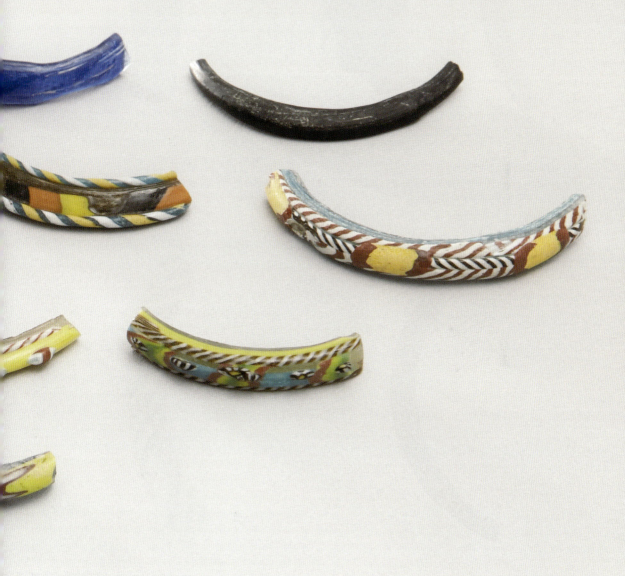

[A]　　　　　[B]

107 ブレスレット　Glass bracelet fragment
（バハレーン　20世紀）
材質：ガラス　サイズ(cm)：A: L4／B: L2.6
透明素地の上に青の帯を付け、ダイヤ文にカットしている。20世紀のものと思われる。

108 ブレスレット　Glass bracelet fragment
（バハレーン　20世紀）
材質：ガラス　サイズ(cm)：L7.2
透明緑青ガラス一色で、表面にはダイヤ柄の文様を施している。

109 ブレスレット　Glass bracelet fragment
（バハレーン　ビザンツ時代）
材質：ガラス　サイズ(cm)：L6.8
4〜8世紀のもの。黒の色は意図して付けたのではなく、様々な色ガラスを再利用しようと熔解した結果、色が混ざり黒に近い色となった。

110 ブレスレット　Glass bracelet fragment
（エジプト　イスラーム時代）
材質：ガラス　サイズ(cm)：L3.7
透明白と青のツイストの上に黄色で立体文様を施している。15〜18世紀初頭に流行した。シリアから小アジアにかけて多く見られるが、当時の東地中海沿岸に広く普及していた。

111 ブレスレット　Glass bracelet fragment
(エジプト　イスラーム時代)
材質：ガラス　サイズ(cm)：L 9
透明緑青の地の上に白と黄のツイストを施している。15～18世紀初頭に流行した。

112 ブレスレット　Glass bracelet fragment
(バハレーン　イスラーム時代)
材質：ガラス　サイズ(cm)：L 5.3
色ガラスをふんだんに使い、断面が三角形のブレスレットを作り、青・白・黄のツイスト文ガラスを両端につけている。多色ガラスやツイスト文の貼りつけは13～16世紀のイスラーム時代のブレスレットの特徴である。

113 ブレスレット　Glass bracelet fragment
(バハレーン　イスラーム時代)
材質：ガラス　サイズ(cm)：L 7.1
透明素地の上に青・赤・黄・白・黒のツイスト文を外側のみ施している。

114 ブレスレット　Glass bracelet fragment
(バハレーン　イスラーム時代)
材質：ガラス　サイズ(cm)：L 4.5
透明素地の上に黄・青の帯を付け、突起文を施している。

115 ブレスレット
Glass bracelet fragment
（バハレーン　イスラーム時代）
材質：ガラス　サイズ(cm)：L 3.6
青地の上に白の同心円文を施し、オレンジ色の突起文を施している。

116 ブレスレット
Glass bracelet fragment
（バハレーン　イスラーム時代）
材質：ガラス　サイズ(cm)：L 6
13〜14世紀のもの。透明素地の上に黄・白・赤・青を使い文様帯を作り、両側に赤白のツイスト文を施している。

117 ブレスレット
Glass bracelet fragment
（エジプト　イスラーム時代）
材質：ガラス　サイズ(cm)：L 4.4
13〜14世紀のもの。透明素地の上に黄色、白と茶のツイスト文、黄緑、黄、赤、青で表面を装飾し、花文の突起を付けている。

118 ブレスレット
Glass bracelet fragment
（エジプト　イスラーム時代）
材質：ガラス　サイズ(cm)：L 3.4
透明素地の上に白と青のツイスト文を施し、黄と茶で突起文を付けている。

119 ブレスレット
Glass bracelet fragment
（エジプト　イスラーム時代）
材質：ガラス　サイズ(cm)：L 4.2
13〜14世紀のもの。不透明濃紺素地の上に黄、白、茶で表面装飾を施している。

COLUMN
コプト織の世界

山花京子

「コプト」とはギリシア人がエジプト人を指す「アイギュプトス」がコプト語の「キプティアノス」と表記されるようになり、それがさらにアラビア語の「ギプティ」となり「コプト」へと転訛しました。一般的にキリスト教を受け入れたエジプト人のことで、現在もエジプトに住むキリスト教徒は「ギプティ」と呼ばれています。

エジプト最後の王朝であるプトレマイオス朝が終焉を迎え、ローマ属領に組み込まれた後、紀元後1世紀頃に聖マルコがアレクサンドリアにてキリスト教の教義を伝道しました。以来、エジプトにおけるキリスト教は、ローマ帝国が東西に分裂（紀元後395年）し、イスラーム勢力下におかれる（紀元後640年）まで興隆しました。この間エジプトは独自の文化や美術表現を保持し、それはイスラームの時代になっても大きく変化することはありませんでした。コプト時代とは、時代の移り変わりの中でエジプトが保持した独特の文化様相のことを指し示す呼称です。

コプトの人々はローマ属領時代から続いた美術様式を簡略化させて独自の「コプト美術」様式を作り出しました。ヘラクレスやアテナといったローマの神々の描写は聖人の姿や聖象徴物にとってかわり、蔓草文様は複雑に絡み合い組紐十字架文などに発展しました。

さて、コプト美術でもっとも世界に知られているものが「コプト織」

羊毛刈り ©ETAYA

という特徴的な織で作られたタペストリーや長衣、上着、クッションカバー、ポシェット、帽子などです。亜麻布に色つきの羊毛糸で織柄を表現したものが始まりで、徐々に縦糸と横糸ともに羊毛を使うようになり鮮やかな織物へと発展しました。横糸を「つづれ」に織り込むことによって多色使いが容易になり、カラフルな文様が生み出されました。また、亜麻と羊毛の平織りの上に刺繍を施す技法や立体ループ編みなど、時代を経るにつれさまざまな技法が発達しました。

SK415

SK417

SK406

SK409

　本学コレクションには52点のコプト織断片が収蔵されています。世界の美術館や博物館にもコプト織断片は多く所蔵されていますが、いずれも記録に基づく体系的な発掘とは無縁な「宝探し」的な蒐集によ

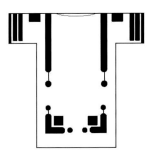 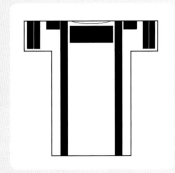

模式図1　　　　　　　　　模式図2

るものが多いため、布の図柄や色を目安とした編年作業は困難を極めています。コプト織の編年は織柄と色のバリエーションで大まかに紀元後3世紀～11世紀頃の間に位置づけられますが、年代決定の根拠や推定は研究者により相違があるのが現状です。

　本コレクション中のコプト織断片は矩形や円形が多く、中には帯のように続いているものもあります。これらの断片はチュニックと呼ばれる貫頭衣の装飾部分を構成していました。たとえば円形の断片は両肩あるいはチュニックの裾の部分に縫い付けてあった可能性が高く、帯状のものはチュニックの襟ぐりの部分から前身頃にかけて縦に貫くように縫い付けてあったと思われます（模式図1と2参照）。

　チュニックを含め、コプト織でつくられた布製品はすべて墓場より掘り起こされた物です。言い換えれば、コプト織の衣服はあの世へ旅立つための死装束でした。王朝時代の古代エジプト人たちが包帯に巻かれたミイラとなって墓場の棺に安置されるのと同じように、コプト時代の人々も屍衣をまとってあの世へ旅立ったのです。

[A]

【参考写真】
多色ラスター彩陶器　9～10世紀　イラク　横浜ユーラシア文化館蔵

120 ラスター彩陶器　Lusterware

(エジプト　イスラーム時代)
材質：陶器　サイズ(cm)：A: H 8.5, W 7.2, T 3.9／B: H 10.6, W 7.8, T 2.9／C: H 6, W 3.9, T 2.5

エジプトのイスラーム陶器を代表する一つであるラスター彩陶器は、鉛を使った白濁釉を施した器に金属を含む顔料で絵付けをして焼き付けたものである。この技法は8世紀後半のエジプトのガラス装飾技法が転用されたといわれる。ラスター彩陶器は、イラク、イランが発祥の地といわれるが、その後、職人と技術がエジプトへ流入したことで、10〜12世紀のファーティマ朝時代がエジプトにおけるラスター彩陶器製作の最盛期であった。白抜きで表現されているウサギや魚は生き生きと描かれており、今にも動きそうである。[A]、[B]は11〜12世紀、[C]はランプと思われ、10〜11世紀のもの。

[A]

[B]

[C]

121 マムルーク陶器　Mamluk ware fragments
（エジプト　イスラーム時代）
材質：陶器　サイズ(cm)：A: H 12.5、W 11.5、T 6／B: H 10、W 6.5、T 0.6／C: H 14.5、W 13.1、T 5.6
エジプトのマムルーク朝時代に製作された黄褐釉・緑釉刻線文陶器で、通称「マムルーク陶器」と呼ばれる。赤茶系の胎土に白色スリップをかけ刻線で文様を描き、鉛釉を施した。器形の多くは高く大きな高台をもつ鉢形の銅器を模倣している。文様は、このような動物文や植物文のほかにコレクションでは文字、幾何文が見られる。[C]の見込みには、窯道具のトチンの痕があり、3ヶ所の釉薬がはがれている。13〜15世紀のもの。

122 [A、B、C]
倣青磁陶器　Islamic pottery fragments
（エジプト　イスラーム時代）
材質：陶器　サイズ(cm)：A: H 13、W 11、T 4.4／B: H 15.9、W 14、T 6.5／C: H 7.2、W 7.2、T 1.3
エジプトに輸入された中国陶磁を模倣し、エジプトで製作されたイスラーム陶器。中国陶磁器はエジプトで人気の高い商品だったようで、それを模倣する陶器が製作された。[A]は元代（1260-1368年）の龍泉窯青磁の蓮花貼付文（右の参考写真を参照）、[C]は二匹の魚が向かい合う双魚文（154頁参考写真）を模倣した。13〜14世紀のもの。

【参考写真】
青磁貼花輪花鉢　14世紀　中国　龍泉窯　出光美術館蔵

[A]

[B]

[C]

151

[A]

[B]

123 白地藍彩陶器　Islamic pottery fragments

（エジプト　イスラーム時代）
材質：陶器　サイズ(cm)：A: H 10.7, W 8.5, T 4.5／B: H 13.5, W 12.5, T 2.7
西方からのコバルト顔料が用いられた青花（図版126A）は中国の元代で製作が始まり、大変流行した。これらの陶器は、青花を模倣して作られた15〜16世紀のものである。

 124　中国陶磁（白磁）　Chinese porcelain fragment
（出土／採集地　エジプト　製作地　中国、景徳鎮窯　北宋 11世紀）
材質：磁器　サイズ(cm)：H 12.5、W 12.5、T 4

イラク、イラン、エジプトなど西アジアや北アフリカのイスラーム時代の遺跡からは白磁、龍泉窯の青磁、景徳鎮の青花など質の良い中国陶磁が発見されている。中国陶磁が貿易商品として運ばれ、その地で大変好まれていたことがよくわかる。

125 [A]
中国陶磁（青磁）
Chinese celadon fragment

(出土／採集地　エジプト　製作地　中国　越州窯　北宋　10～11世紀)
材質：磁器　サイズ(cm)：H 7、W 5.5、T 3

[B]
中国陶磁（青磁）
Chinese celadon fragment

(出土／採集地　エジプト　製作地　中国　龍泉窯　元　13～14世紀)
材質：磁器　サイズ(cm)：H 9.1、W 8.1、T 2.2

[C]
中国陶磁（青磁）
Chinese celadon fragment

(出土／採集地　エジプト　製作地　中国　龍泉窯　元　13世紀中期～14世紀初期)
材質：磁器　サイズ(cm)：H 11.6、W 9.2、T 3.7

【参考写真】
青磁貼花双魚文皿　13～14世紀　中国　龍泉窯
出光美術館蔵

126 [A]
中国陶磁（青花）
Chinese blue and white fragment
（出土／採集地　エジプト　製作地　中国　景徳鎮窯　元　13〜14世紀）
材質：磁器　サイズ（cm）：H 9.7、W 8.5、T 3.3

[B]
中国陶磁（青花）
Chinese blue and white fragment
（出土／採集地　エジプト　製作地　中国　清　17〜18世紀）
材質：磁器　サイズ（cm）：H 6.5、W 4.8、T 4.4

【参考写真】
青花蓮池鴛鴦文鉢　14世紀　中国　景徳鎮窯　大阪市立東洋陶磁美術館蔵

[A]

[B]

参考文献：

川床睦夫監修、MIHO MUSEUM 編
2003　『エジプトのイスラーム文様』MIHO MUSEUM　滋賀

櫻井清彦・川床睦夫編
1992　『エジプト・イスラーム都市　アル＝フスタート遺跡　発掘調査1978〜1985年』早稲田大学出版部　東京

堀晄、津村眞輝子、Baily, D.M.
1997　『地中海のともしび フェニキア、ローマ、ビサンチンのオイルランプ』古代オリエント博物館　東京

三上次男編
1986　『世界陶磁器全集第21巻　イスラーム』、小学館　東京

横浜ユーラシア文化館編
2008　『エジプトの小さなガラスの円盤—中世イスラーム都市のくらし—』横浜ユーラシア文化館　横浜

真道洋子
1996　「マムルーク朝時代紅海地域のガラス製ブレスレット」『古代文化』vol.48, No.8, 9-24.　京都
2012　「中世エジプトのガラス製装身具」『民族藝術』vol.28, pp.41-46.　大阪

Młynarczyk, J.,
1997　*Alexandrian and Alexandria-influenced mould-made lamps of the Hellenistic period*, BAR International Series 677 Oxford

COLUMN

フスタート遺跡と
東海大学古代エジプト及び中近東コレクション

竹田多麻子

　第Ⅵ章で紹介したイスラーム時代の資料は、紀元後約9～14世紀の人々の生活に関わる品々で、鈴木八司氏が古代エジプトだけでなく、コプトやイスラームの文化にも関心を寄せていたことを示すものです。

　この中で、Ⅵ章の資料には、人や動物などの図像が存在します。コプト教徒に関係するといわれる人形（図版97（SK42-14））、水壺の首につけられたフィルターには耳の長いウサギ（図版105A（SK445-6））、パンに模様をつけるためのスタンプにはライオン、魚、そして住居や食生活に欠かせないナツメヤシ（図版106B（SK446-2））などです。また、イスラーム陶器には、ウサギ（図版120A（SK42-16））やガゼル（羚羊）（図版121B（SK51-31））、中国陶磁の双魚文を真似た魚（図版122C（SK55(1)-7））などが描かれています。

　7世紀頃のアラビア半島から広まったイスラーム教は、アッラーを信ずる一神教であり、アッラーが唯一の創造主であるため、人や動物を表現することはご法度でした。ところが、上記のように、イスラーム時代のエジプトでさまざまな動物の図像が描かれているのはなぜでしょうか？

　これは、芸術の創作活動のあり方がその時代、地域の統治者やイスラーム法学者たちの解釈に任されたことによります。また、エジプトでは、イスラーム教徒のアラブ軍によって征服された以降もイスラーム教徒以外の多くのコプト教徒やユダヤ教徒などがこの地に暮らし、このような生き物を描いた生活用品を慣習的に作り続けていたからとも考えられています。

　現在のカイロ市南部、オールドカイロ地区に位置するフスタート遺跡からは、土器、陶器、ガラス器、中国陶磁、装身具など生活にかかわる大量の遺物が出土し、当時のエジプトの繁栄ぶりを知ることができます。フスタートは、ビザンツ帝国領にあったエジプトを、アラビア半島からイスラーム軍を率いたアムル・イブン・アルアースが征服した直後の642

バビロン城
エジプト征服の際にアムル将軍率いる軍隊が攻略した、ビザンツ帝国の城塞。現在、城内にはコプト教やユダヤ教の教会がある。©TAKEDA

年に建設された、アフリカ大陸最初の都市でした。東西海上交易の一大中心地として発展し、969年にフスタートの北に新首都のカイロが建設された後もなお商工業の中心の役割を果たし、14世紀に至るまで大いに繁栄しました。文献史料などによると、フスタート建設当初は居住区が部族、宗教別に分かれていたのですが、10世紀頃には宗教に関係なくイスラーム教徒、コプト教徒、ユダヤ教徒が混在して暮らしていました。

　今回展示した東海大学のコレクションには、イスラーム陶器、中国陶磁、土製スタンプ、ガラス器片、ガラス装身具などが含まれます。これらと同類のものは、1978年から20年以上にわたりフスタート遺跡で発掘調査を実施した日本調査隊（早稲田大学、出光美術館、中近東文化センター）の発掘報告書や青山学院大学所蔵の三上次男コレクションにも見られます。

フスタート遺跡
フスタートはバビロン城の北から東に広がる所に位置する。2009年撮影　©TAKEDA

参考文献：
青山学院大学文学部史学科編
2010　　『三上次男コレクション図版目録　西アジア・南アジア・アフリカ編』青山学院大学文学部史学科　東京
櫻井清彦・川床睦夫編
1992　　『エジプト・イスラーム都市　アル＝フスタート遺跡　発掘調査1978～1985年』早稲田大学出版部　東京
杉村棟編
1999　　『世界美術大全集　東洋編　第17巻　イスラーム』小学館　東京

[解説編]

VII

Egypt through the late Professor Suzuki's eyes
- From a Photo Gallery-

エジプト学者鈴木八司のまなざし
―写真展より

VII エジプト学者鈴木八司のまなざし—写真展より

伊井さえこ

1. はじめに

　東海大学に所蔵されている鈴木八司氏の収集品の中には、約15,000枚の写真フィルム類が含まれています。フィルム類は1950年代～80年代に撮影されたもので、中には鈴木氏が日本政府からの依頼を受けてユネスコによるヌビア遺跡群救済活動（1979年に「アブ・シンベルからフィラエまでのヌビア遺跡群」として世界文化遺産に登録されている）のために現地調査を行った際の写真記録も含まれています。それらにはアスワン・ハイダムが建設される以前のエジプトやスーダンが記録されており、そこに写された土地の様子、遺跡の移築途中の様子、昔ながらの人々の暮らしなどは現在ではその大半が失われてしまったものであり、当時の様子を知る貴重な資料となっています。しかし、フィルム類は約50年以上の歳月を経て劣化が進み、保存状態はよくないため、研究資料編で紹介されるようなデジタルアーカイブ化が行われています。

　鈴木八司氏はその著作『王と神とナイル』に付属する新潮社の月報のなかで、古代エジプトの本当の魅力は古代エジプト人の残した遺跡や遺物の中に脈々として伝わる彼らの生活の息吹だとしています。

　現在残っている遺跡や遺物は王など社会の支配階級の人々が残したものが多く、その桁外れの大きさや豪華さは現代の我々の目を捉えて離しません。しかし、こうした王や神に関する芸術はエジプトの歴史や文化のなかの一部分、いわば「ハレ」の部分であり、それを支え、育んだ人々の日々の暮らしがあったことを忘れてはならないと氏は指摘しているのです。

　また、氏はユネスコによるヌビア救済事業について、貴重な歴史的遺産を後世に伝えるための事業として評価はするものの、次のような問題もあったと述べています。

　ユネスコのキャンペーンの続く間に、ヌビア人そのものに関する声が、如何なるものであれ、国際的にはついぞ聞かれなかった。遺跡救済の問題に偏執したわれわれは、そこに住んでいる人間を失念するほど微視的に陥ってしまったようである。遺跡は、元来、人がつくったはずなのにもかかわらず（鈴木　1970、p.213）。

残された遺跡や遺物そのものを調べるだけではなく、それらを作った人々について、そして作られた理由や背景まで含めて調査すること、それが本当の意味での理解につながるという氏の考古学者としてのまなざしが感じられる文章です。

　こうした氏の考えは、ビール壺や人形、バスケットや多くのパピルス文書などコレクションの内容にも反映されているように思われます。そして、撮影した写真からも、氏の関心が遺跡や出土遺物だけではなく、人々の暮らしや周囲の環境にも向けられていたことがうかがえます。

　今回、企画展示に関連して「エジプト学者鈴木八司のまなざし－写真展」と題して、写真展示が行なわれます。アブ・シンベル神殿やギザのピラミッドなどよく知られている遺跡の写真に加え、紹介される機会が少ない現地の人々の様子などを中心に紹介します。これらの写真は所蔵フィルム類全体の中の一部分ですが、これらの写真を通じて、氏がエジプトに向けたまなざしの一端を感じていただければ幸甚です。

2．フィルムについて

　フィルムの中心となるのはやはり「ヌビア遺跡救済国際キャンペーン」に際して現状調査の為に撮影されたフィルム群です。

　調査は1960年9月中旬から1961年2月中旬にかけて行われました。前半は、アスワン・ダムを出発した後、ナイル川を遡り、第2カタラクトのセムナ、ファラスまでの地域をめぐっています。その後、休止期間を経てスーダン側の第二次調査、アブ・シンベル神殿などアネイバ以南の西岸の調査を行っています。

　調査の目的はダム建設に伴い水没の危機にある遺跡群の現状調査であり、遺跡に関係する写真が中心ですが、氏の関心はそれにとどまらず、サーギア（サーキーヤ）と呼ばれる牛を動力として利用した揚水設備など、ダムの建設に伴い影響を受けざるを得ない人々の暮らしにまで及んでいます。

　撮影には、カラーとモノクロのブローニー版及び35mmフィルムと8mm動画が使用されています。

　ブローニー版には、現地調査の報告などに使用することを意識したものか、遺跡全景や建造物全体、レリーフや王や神々の像などが多く撮影されています。対象物そのものの規模が大きい為、アブ・シンベル神殿やスフィンクスなどハイライトとなるような構築物については仰ぎ見るような構図が多く使われており、特に印象的です。それに対

して、35 mm のフィルムでは遺物や遺跡の写真の他に、人物や動物を撮影したものが全体の半数ほど含まれています。訪問の記念や民族衣裳などを記録する為に撮影したと思われる写真もありますが、調査の同行者や移動中に出会った人々など、日々の暮らしの様子をとらえたものも多く、人物が単独で写されているものより複数の人物が写されている構図が多いのも特色と思われます。

調査の途中、船の故障で移動することができず、飲食にも苦労するような場面もあったそうですが、写真からはその苦労や調査が順調にいかないことへの焦りなどはうかがえません。

主要参考文献（写真キャプション参考文献含む）：
鈴木八司
1970　　『ナイルに沈む歴史―ヌビア人と古代遺跡―』岩波新書　岩波書店　東京
1970　　『王と神とナイル』　沈黙の世界史2　エジプト　新潮社　東京
リチャード・ウィルキンソン著　内田杉彦訳
2002　　『古代エジプト神殿百科』東洋書林　東京

1 ギザ、スフィンクス、ファイユーム

ギザ
南東からカフラーのピラミッドを望む。カフラーと同時代の墓だけではなく、手前にはイスラーム（近現代）になって造営された墓群も見られます。

スフィンクス
現在では撮影が難しい場所から撮られています。

ダハシュール

ダハシュールの屈折ピラミッドをバックに皆でポーズ
何を見ているのか、気になるところです。

サッカラ

ジェセル王の階段ピラミッド
現在は写真手前にある石材が祠堂として復元されています。

ファイユーム
メイドゥームの「崩れピラミッド」は古王国時代第4王朝のスネフェルが建造し、当初は真正ピラミッドであったようですが、現在は外側が崩壊し、内側の基壇3段がむき出

ルクソール
ルクソール神殿の列柱塞より
至聖所の方向を望む

コム・オンボ神殿
コム・オンボはセベク（ワニの神）を祀る神殿であ
ることから、多くのワニのミイラが奉納されました。
左側には人間のミイラを納めた棺もあります。

ディル・エル＝バハリ
ハトシェプスト女王葬祭神殿
この写真が撮影された1960年代初頭に、この葬祭殿の第３のテラスと隣接するトトメス３世の神殿がポーランド科学アカデミーによって修復され始めました。

2 「ヌビア遺跡群救済キャンペーン」にかかわる地域

カラブシャ

カラブシャ神殿は元々は現在のアスワン・ハイダムがある地点から南に約50kmの地点に位置していましたが、ダム建設に伴う水没の危機を避けるため、1962年から63年にかけて解体され、ハイダムのやや南にあるもっと高い場所（ニュー・カラブシャ）に移されました。プトレマイオス朝後期からアウグストゥスの治世にかけて造営されたものが中心で、ヌビアにおけるエジプト建築の最良の例の一つとみなされています（ウィルキンソン、2002、pp.217-218）また、中庭の壁面には歴史的に興味深い後代の銘文が数多く刻まれており、鈴木氏も注目しています。

ワディ・エッ・セブアの付近のハンダル

鈴木氏はアラビア語で「ハンダル」と呼ばれる西瓜の原生種にも注目しています。葉や実は栽培種のミニチュア版ですが、皮は苦いようです。実には齧り跡があり、観察の結果、鈴木氏はロバが見た目にひかれて齧ったものの苦くて一口でやめ、しばらくしてまたそのことを忘れて別の実を齧る、ということを繰り返したのではないかと推察しています。

サーキア（サーキーヤ）

サギーアとは牛や水牛の力を借りて水を揚げる設備です。氏の観察によるとアブ・シンベルの南のエジプト領ヌビアからスーダン側のワディ・ハルファより第2カタラクトまでの間には特に数多く見られたといいます。

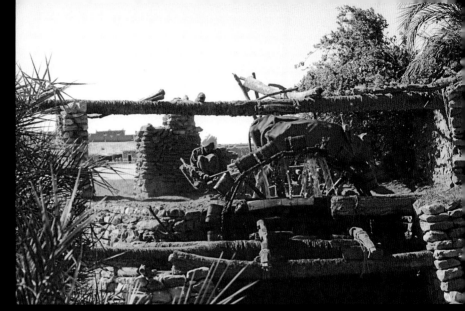

アブ・シンベル神殿の救済計画

アブ・シンベル神殿の移築は1963年11月に起工し、以後5年間をかけて実施されました。工事中のアブ・シンベル地区は最も多い時期で1,700人の技術者や労働者が集り、数カ国の言葉が飛び交う国際的なキャンプとなっていました。

神殿が掘られていた岩盤は砂岩で、岩質は脆いため、工事は規模だけではなく技術的にも困難な事業でした。いくつかの実施案の中から採用されたのは、神殿を切断し移築するというスウェーデン案でした。神殿は1,041個のブロックに分断され、元の位置の後方に移転、再建されました。

鈴木氏が撮影したアブ・シンベルの移築途中の写真は貴重な記録となっています。

岸壁にはブロックに切断するために入れられた切れ込み線が確認できます。

アブ・シンベル神殿

鈴木氏は夜間アブ・シンベルに到着し、翌朝より調査を開始します。ラメセス2世の4体の巨像が太陽の移動により刻々と印象を変える様子を観察、その印象を「巨像は一日に七度変化する（鈴木　1970, p.147）」と記しています。

3 スーダン

ジェベル・バルカル

ジェベル・バルカルはナパタの対岸、やや上流にある「神聖な山」。ナイル河岸の緑地から平坦な砂漠に移る部分にそびえる砂岩丘陵で、付近一帯の標識になっていました。丘陵の川に面した部分の麓にナパタ時代の神殿群の遺跡があります。

ヌリのピラミッド群

メロエのピラミッド（右と下）
頂上に立つ人物が誰か、気になるところです。

メロエ市街地発掘の様子

ドンゴラの皮なめし工房

ハワラ

ヌリやドンゴラに行く道中に撮影した写真

メロエのピラミッドを背景にした鈴木八司氏

[解説編]

Journey through Egypt
- From Space -

エジプト探訪
―宇宙から巡るナイルと砂漠

VIII エジプト探訪—宇宙から巡るナイルと砂漠

ナイル川：ナイルと古代エジプト文明

　世界の古代文明の発祥地域は皆、水と深く関わっています。エジプト文明はナイル川、メソポタミア文明はティグリス・ユーフラテス川、インダス文明はインダス川、そして中国文明は黄河や長江といった大河の流域に発祥しています。しかし、古代の都市や遺跡の分布を追いかけてみると、そのほとんどは世界の中緯度帯の非常に乾燥した砂漠地帯に位置していることがわかります。これは古代文明があえて砂漠地帯に発祥したことを示しているのではありません。古代文明発祥の頃は水が豊富であった地域でも、現在に至るまでに何らかの環境変動が起き、砂漠化してしまったことを示しているのです。

　ナイル川はビクトリア湖（現在のタンザニア、ケニア、ウガンダと国境を接する）周辺の緑豊かな熱帯雨林帯を源とする「白ナイル」、エチオピア高原南部を源流とする「青ナイル」そしてエチオピア高原北部を流れるアトバラ川が合流した大河です。衛星データによる調査では、白ナイルの源流周辺では熱帯雨林帯を覆う雨雲が観測できます。古代エジプト文明を繁栄へと導いた定期的な増水はエチオピア高原に季節風がぶつかることによって引き起こされるモンスーンが原因です。このモンスーンによる降雨は毎年6月頃になると白ナイルとアトバラ川に流れ込むため、下流のナイル渓谷は増水し、氾濫原は水で満たされます。古代エジプト人は増水と天体の動きを重ね合わせて観察し、シリウス星が地平線にあらわれる頃に増水が始まることを発見しました。

　古代エジプトの暦では1年は増水期「アケト」、播種期「ペレト」、収穫期「シェムゥ」の3期に分かれており、それぞれ約4ヶ月続きます。増水期になると耕作地が冠水するため、人々はゲジーラ（中州や氾濫原の小高い場所）に住み、ナマズやナイルスズキなどの漁労にいそしみました。増水が引き耕作地が見えるようになると、人々は簡素な農耕具や牛に曳かせた鋤などを使って土地を耕し、作物の種を播きます。パンやビールの原材料となる小麦や大麦をはじめ、亜麻、豆類、瓜などが商品作物として育てられました。収穫期になると刈取り、脱穀、風選、貯蔵を行い、1年の終わりにはオシリス、ホルス、セト、イシスとネフティスの5柱神のために盛大な祭りを催しました。

恵多谷雅弘・山花京子

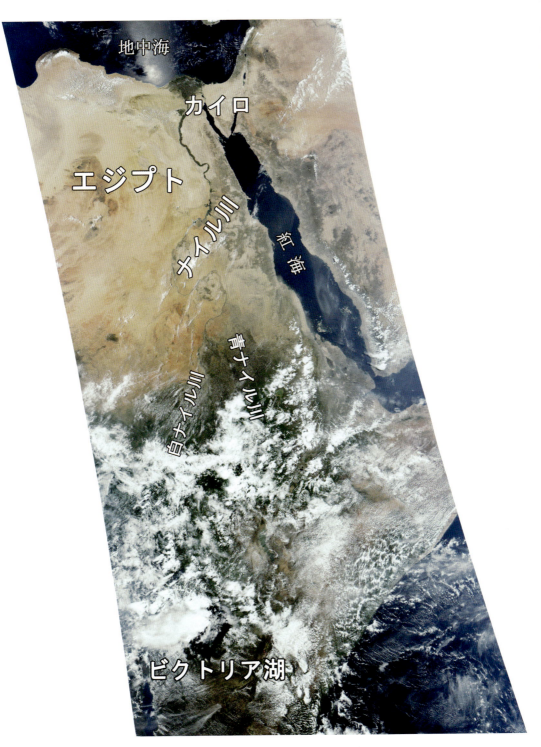

ナイルの源流の熱帯雨林と雲の様子（データ：Aqua MODIS）
ⓒNASA　画像処理：東海大学情報技術センター

アレクサンドリア：アレクサンドロス大王の夢の都

　アレクサンドロス大王は、紀元前333年のイッススの戦いにおいてペルシア帝国軍を破った後、マケドニアには戻らずに一路南下し、エジプトへ入りました。その後シーワにて神託を得、メンフィスで王として戴冠したのち再び東征へ向かうことになるのですが、エジプトを去る前にアレクサンドリアという街の建設を行っています。大王はラコーテという名の漁村があった場所に馬を走らせ、大通りを基軸とした計画都市を建設することを命じました。大王の遺志をついだプトレマイオス1世と2世は、首都にふさわしい神殿や図書館（ビブリオン）、劇場（テアトロン）、訓練所（ギョムナシオン）、競技場（スタディオン）などの公共施設を造り上げ、市民たちは広場（アゴラ）などでの談論を楽しむことができました。公共の場で交わされる話には噂話のようなものもあれば、人生や死についての哲学的な話題もあり、さらに自然の摂理に目を向けて我々が生きている世界の本質を解明しようとした議論もありました。知識の集積である大図書館の存在とさまざまなトピックに関する自由な談論が繰り広げられたアレクサンドリアでは、数々の自然科学者が近代科学の礎となる業績を残して

山花著『古代エジプトの歴史―新王国時代からプトレマイオス朝時代―』
慶應義塾大学出版会　2010年　図版79より転載

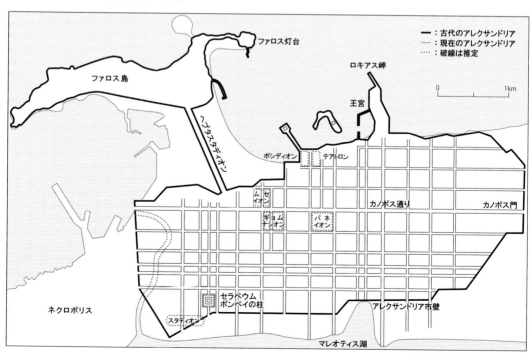

182

います。

　ローマ属領時代のディオドロス・シクルス（紀元前59年頃）は、当時のアレクサンドリアを含むエジプトの人口は自由民のみで約30万人と推定しており、プトレマイオス朝初期の頃には、後の時代の都市レイアウトの基礎がアレクサンドリアに存在したと考えてもよいでしょう。

山花京子

現在のアレクサンドリア
の海岸線
ⓒYAMAHANA

ナイルデルタの4K鳥瞰映像（データ：Terra MODIS, ETOPO2　ⓒNASA）
画像処理：東海大学情報技術センター

ギザ：ギザのピラミッド

　古代エジプトの代表的な建造物であるギザのピラミッドは、古王国時代（B.C.2575-2134頃）から中王国時代（B.C.2040-1640頃）にかけて、ナイル川西岸の砂漠丘陵地に建造されました。ピラミッドに関する研究はエジプト考古学における大きな課題ですが、実はその建造目的をはじめとして未だ解明できない多くの謎が残されています。大規模なピラミッド建造の最も盛んだった古王国時代のピラミッドの多くは、ピラミッド本体の東側に葬祭神殿が築かれ、そこから東に向かって緩い傾斜の参道が下り、低位砂漠の端には河岸神殿と港湾施設が付随しています。ピラミッド本体の各側面は若干のずれはありますが、それぞれ東西南北の方向を向いています。ギザのクフ王のピラミッド（第1ピラミッド）は、基底長約230m、高さ約146mを有する古王国時代第4王朝の代表的な大型建造物として知られています。隣接するカフラー王のピラミッド（第2ピラミッド）も、基底長約214m、高さは約143mあり、クフ王のピラミッドよりやや小規模ですが、葬祭神殿、参道、河岸神殿などの各施設は比較的良く残っており、河岸神殿は大スフィンクスと並ぶように配置されています。カフラー王の河岸神殿とスフィンクスの東側には港湾施設の址が発掘されており、当時はナイルの水がこの場所まで引き入れられていたことがわかります。研究によると、古王国時代のナイル川の流路は現在よりもギザ台地に近い西寄りであったことが判明しています。

　アスワンにダムが建設される前のエジプトでは毎年ナイル川の定期的な増水があり、それがエジプト文明の都市形成や人々の暮らしに深く影響してきたと考えられています。これらのピラミッドの建造場所に関しても、当時のナイル川の増水を意識して水位変動の影響を受けにくい砂漠縁辺の高台を選定した可能性が推定されます。

惠多谷雅弘

ギザのピラミッド群の QuickBird 衛星画像
©DigitalGlobe/日立ソリューションズ/TRIC
画像処理：東海大学情報技術センター

ファイユーム：カルーン湖

　ファイユームのカルーン湖は古代エジプト語でシェ・レシ（南の湖）と呼ばれていました。中王国時代の第12王朝は首都をテーベからファイユーム付近のリシュトへ遷しました。その背景には「富国強兵」策を掲げる王の政策があったといわれています。王はそれまで自然の遊水池であった4500平米にも及ぶ低地に手を入れ、運河（バハル・ユーセフ）を掘削し、人工的にナイル川の水の流入をコントロールし、それまで湿地帯であった湖の周囲を肥沃な農耕地に変えました。以来、カルーン湖は古代エジプト有数の穀倉地帯として知られるようになり、新王国時代の末期には人口密度がナイル河畔に住む人々よりも高かったと推定されています。土地の神はワニの神セベク（ギリシア語ではスーコス）でした。セベクは豊穣（饒）の神としての属性を持っているため、ファイユームがいかに生産性の高い場所であったか窺い知ることができます。

　ファイユームは特にプトレマイオス朝時代になり数多くのマケドニア人（ギリシア人）が入植し、多くの遺跡が点在しています。中でもメディネト・マーディ（ナルムーティス）、テル・ウンム・エル＝バラガト（テブトゥニス）、メディネト・エル＝ファイユーム（クロコディオポリス）、コム・オシム（カラニス）は代表的な遺跡で、それぞれの街には居住区やペテスーコスやソクノパイオスと呼ばれたワニ神の神殿がありました。遺跡からは大量の遺物に加え、パピルス文書も発掘されています。これらの文書の解読により、現在ではプトレマイオス朝時代からローマ属領時代までのファイユームの地域社会の様相が解明されつつあります。ファイユームに多く点在していた遺跡はなぜか紀元後2世紀頃に住人に見捨てられ廃墟となり、その後は以前のような活気に満ちた人間の生活が再び戻ることはありませんでした。

山花京子

ファイユームのLandsat衛星画像
画像処理：東海大学情報技術センター

カルーン湖　現在の水量は王朝時代の20%ほどしかないといわれている　ⓒTRIC

古代エジプトの動脈：ワディ

　古代エジプトはナイル川流域を中心として栄えましたが、周囲の砂漠によって隔絶されていたわけではありません。現在のサハラ砂漠には草原が広がり、北アフリカ大陸に降雨があった1万年ほど前までは、低地を流れる小さな川が多くありました。それ以降、北アフリカ大陸は徐々に乾燥化し、細い川は干上がって涸れ川（ワディ）となります。現在の王家の谷はワディが干上がってしまった河床を利用して造られています。

　ワディは往々にして平坦地となっているため、古代の交易路や遠征路として使われ、このワディを通って物資が行き来をしました。古代エジプト文明を支えたもっとも重要なワディは現在のキフトから紅海沿岸のクセイルへ向かって伸びているワディ・ハンママートです。このルート沿いには先王朝時代からローマ属領時代までの井戸やキャンプの址が残っており、歴史を通じて大切な役割を担ったルートであることがわかります。

　ワディ・ハンママートは古代エジプトに統一王朝を打ち立てた異民族の移民ルートであると主張した研究者がいました。その背景には、ちょうど先王朝時代から王朝統一期にかけてメソポタミア（エラムや南メソポタミア）の文化との共通点、あるいは影響が色濃くみられることにあります。結局、この説は直接的な証拠が見つからなかったため、現在ではワディ・ハンママートを通じてメソポタミアや湾岸地域

ルクソールの4K鳥瞰映像（データ：Terra MODIS, ETOPO2 © NASA, USGS）
画像処理：東海大学情報技術センター

との何らかの接触があり、それがエジプト王朝成立期の物質文化に影響を与えたのだ、という説に落ち着いています。

衛星写真でもはっきりと見て取れるもう一本のワディがあります。それはケナから紅海沿岸のミオス・ホルモスに通じるルートです。こちらはモンス・ポルフィライテスという特にローマ属領時代の皇帝が好んで採石を命じた閃緑岩や斑岩の採掘場を通ります。王朝時代のワディと比較して衛星写真にはっきりと映っているのは、ローマ皇帝たちがいかに多くの労働者を投入して道を整備し、このワディを開発したかを物語っています。

ナイル河畔より東側、つまり東部砂漠（岩漠）へ至る道は他にもあり、下ヌビアのワディ・エル＝アラキは王朝時代より開発されていた金鉱脈へ通じるルートです。トトメス3世治世41年目の記録によると、ワディ・エル＝アラキ南のワワトと呼ばれる地域の金産出量は年間280kgにものぼり、前後4年間で約1トンにもなりました。

山花京子

ルクソールのLandsat衛星画像
画像処理：東海大学情報技術センター

参考文献：
山花京子
2010　『古代エジプトの歴史—新王国時代からプトレマイオス朝時代まで—』慶應義塾大学出版会　東京

カルナック神殿のWorldView-2衛星画像
©DigitalGlobe/日立ソリューションズ/TRIC
画像処理：東海大学情報技術センター

王家の谷のWorldView-2衛星画像
©DigitalGlobe/日立ソリューションズ/TRIC
画像処理：東海大学情報技術センター

エジプト側ナセル湖に残された遺跡

　ユネスコによって救済されたヌビア遺跡群（第Ⅴ章コラム「ユネスコのアブ・シンベルとヌビア遺跡群救済プロジェクト」）では第1カタラクトのアスワン・ハイダム以南の土地には「遺跡公園」のような場所が設けられ、それぞれ「ニューカラブシャ」、「ニューセブア」、「ニューアマダ」、という新しい地名が与えられています。「ニューカラブシャ」にはカラブシャ神殿、ベイト・エル＝ワリ、ケルタッシのキオスクとデウェン神の祠が移築され、「ニューセブア」にはラメセス2世治世下で建造されたワディ・エル＝セブアの神殿、メロエの王アルカマニとプトレマイオス4世などによって建造されたダッカ神殿、セラピス神に捧げたマハラッカ神殿があり、「ニューアマダ」にはトトメス3世、アメンヘテプ2世、トトメス4世などによってラー・ホルアクティ神に捧げられたアマダ神殿、ラメセス2世のデール神殿、ラメセス6世の高官ペンヌートの岩窟墓がそれぞれ移築されています。さらに原位置あるいは原位置に近い場所に保存されているフィラエ（ビーガ島）のイシス神殿、カスル・イブリム、アブ・シンベル大神殿と小神殿があります。

　救済された上記の遺跡を時代別にみると、ローマ属領時代のものが多く（タファ、カラブシャ、デンドゥール、ダッカなど）、次いで新王国時代ラメセス2世、トトメス3世のもの（ベイト・エル＝ワリ、ゲルフ・フセイン、アマダ、ワディ・エル＝セブア、エル・デール、エル・レシーヤ、カスル・イブリム、アニバ、アブ・シンベルなど）となります。新王国時代は内陸アフリカとの交易のため、そして金鉱脈開発のために第1カタラクト以南の下ヌビアに特に目を向けた時期

ベイト・エル＝ワリ　前庭部分の浮彫はラメセス2世時代の特徴をよく残す。神殿内部にはアメン・ラー神とムート女神とヌビア的表現のホルス神、エレファンティネ島の神クヌムと配偶神サティス、アヌキスが描かれている。
ⓒ AENET

でもありました。下ヌビアはローマ属領時代も紅海や内陸アフリカとナイル川をつなぐルートの一部として、また硬い石材採掘のために特に初期の皇帝たちが関心を持った土地でもあります。遺跡救済はその美術的・歴史的価値の高いもの、残存状態のよいものから選定されたのですが、一方で中王国時代の要塞など日干煉瓦造りの飾り気のない建造物は殆どすべてが水没してしまいました。当時の人々の生活を再考し、当時の社会を理解するためには、要塞や住居址などの生活の匂いのする遺跡の救済保存を行うことは、豪奢な装飾を施した神殿の救済保存を唱えるのと同じくらい必要なことと思われます。

山花京子

ワディ・エル＝セブアの神殿スフィンクス参道　移築前はスフィンクスの一部が水没し、「溺れるスフィンクス」と呼ばれていた。　ⓒAENET

ケルタッシのキオスク　移築前の状態　砂岩の採掘場前に建てられており、鉱山の守護神ハトホルが祀られていた。ⓒAENET

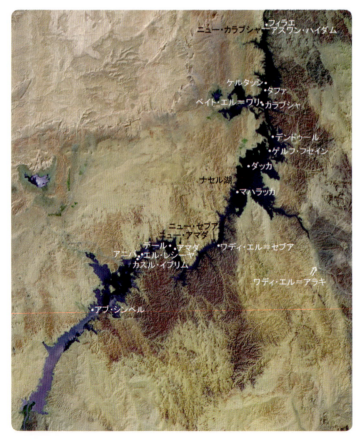

ナセル湖の4K鳥瞰映像（データ：Terra MODIS, ETOPO2　ⓒNASA, USGS）
画像処理：東海大学情報技術センター

トシュカ計画

　今日のエジプト学界の慣例ではアスワンより以南の土地をヌビアと呼んでおり、現在のスーダン領は上ヌビア、エジプト領は下ヌビアと区分されています。下ヌビア一帯のナイル川は、アスワン・ハイダム完成以前はV字型の深い谷を刻んで流れていましたが、そうしたかつての自然景観はダム建設でできた人造湖「ナセル湖」の底に今は沈んでいます。

　ナセル湖の畔に、ダム建設による水没から救済するため移建された現在のアブ・シンベル神殿があります。そこから北東に約30km離れたトシュカでは、ナセル湖の水を北西約320kmの西部砂漠まで水路で運び、その周囲を灌漑して広大な耕地を形成しようという壮大な計画（トシュカ計画）がムバラク大統領によって実施されました。この計画は、ナイル川沿いを中心に現在国土の5％程度の土地に6千万人以上の人工が集中している同国で、約20万平方キロメートルの農耕地を新たに生み出すことで居住可能面積を国土の25％まで拡大するというものです。

　一方、王朝時代に象徴される古代エジプト文明にも長い前史があり、ナイル川流域に最初に人類が現れたのは今から約50万年前ともいわれています。トシュカ計画が実施された地域でも移動住居、石器、動物が描かれた岩壁画など多数の先史時代の遺物が残っていることがこれまでの考古学調査で分かっていますが、そこに分布する紀元前8千年から1万年頃の遺跡を調査すると、今は乾燥して人類が住めな

Dungul Playa 遺跡周辺の Landsat 衛星画像
画像処理：東海大学情報技術センター

砂漠耕地化のための水路建設（トシュカ）　ⓒ TRIC

ヌビア砂漠の耕地化（トシュカ）　ⓒ TRIC

ヌビア砂漠の旧石器時代遺跡（Dungul Playa）と石器の地表分布
ⓒ TRIC

い砂漠地帯となってしまったにもかかわらず、地下水の存在を示唆する僅かながらの植生が見られます。ヌビアに人類が住み着いたのは旧石器時代前期からと考えられていますが、こうした調査によって先史時代の人々がかつてこの地区で生活を営んでいたことが推察できます。

恵多谷雅弘

参考文献：
東海大学
1999　『エジプト古環境調査のための現地調査用衛星データ処理及び解析業務報告書』　東京

ヌビアの遺跡群

　アスワン以南のヌビアと呼び慣わされる地域の歴史は常にエジプトとの関連の中で語られます。古代エジプトを統一した王は早くからヌビアを貿易中継地域として、そして金の産地として重要視していました。中王国時代にはエジプトの支配は第2カタラクトそして新王国時代には第4カタラクトにまで延び、地理的に重要な地点には兵士の駐屯する要塞や検問所が建設され、ブヘンにはエジプト人の入植も行われていました。

　ヌビアは第3カタラクトから第6カタラクトの間、ナイル川が大きく蛇行して流れています。これは平仮名の「り」の字によく似た形ですが、この「り」の字の右と左の線の間にあたる部分をバユーダ地域といいます。このバユーダ地域は高地が続く場所となっており、高い丘陵地帯の間には人々が行き交うことのできるワディ状の低地の道が続いています。特に第25王朝の中心的な場所であったナパタやジェベル・バルカル、ヌリ、エル・クルル付近は内陸アフリカやメロエに至る陸のルートの起点で交通の要所です。

　1960年代初頭に始まった「ヌビア遺跡救済キャンペーン」によって、アスワン・ハイダム建設後水没の運命にあった遺跡の主要なものが救済措置を受けました（第Ⅴ章コラム「ユネスコのアブ・シンベルとヌビア遺跡群救済プロジェクト」を参照）。その際、ファラス以南の遺跡はスーダン共和国政府の管轄となり、アクシャ（セラ西）、ブ

メロエとナイル川の4K鳥瞰映像（スーダン）（データ：Terra MODIS, ETOPO2 ⓒ NASA, USGS）
画像処理：東海大学情報技術センター

ヘン、クンマ（セラ東）、セムナ遺跡の4神殿が現在カルトゥームに移築されています。しかし、救済できなかった遺跡にも歴史的に重要なものが多くありました。本学コレクションの写真資料の中には、移築前のブヘンの要塞や、すでに水没して跡形もないミルギッサ遺跡（第2カタラクト南）の当時の様子、そしてナイルの増水期以外の時には船の通行が難しいこの場所に粘土と丸太で船の通り道を造ったミルギッサの「粘土道」の痕跡を映したものもあります。

　水没を免れた遺跡には聖なる山ジェベル・バルカルやヌリ、ナパタ、メロエなどがあります。ジェベル・バルカルは高さ約90mある崖と崖下にある神殿址で構成されています（第Ⅶ章参照）。崖の前面には独立している柱のように見える部分があり、そこを西側から見ると太陽円盤を戴いた神聖なる大蛇、東側から見ると白冠を戴いた屹立したコブラのように見えます。新王国時代第18王朝のトトメス3世や4世、そして第19王朝のセティ1世、ラメセス2世、第25王朝のピアンキやタハルカなど歴代の王がアメン神に捧げた神殿を建造したことが知られています。第Ⅷ章のコラム「コラム：クシュとメロエ―ヌビアで栄えた王国」で述べたように、ヌビアの文化はエジプト的要素と土着のアフリカ的要素が融合して出来上がっており、この地を調査研究する「ヌビア学」という学問分野が新設されるに至っています。

山花京子

デンドゥール神殿　現在は解体され、ニューヨークのメトロポリタン美術館内に移築されている。　ⓒAENET

COLUMN

クシュとメロエ―ヌビアで栄えた王国

山花京子

　ナイル河畔に栄えた古代エジプト文明は、ナイル上流のヌビア（現スーダンと一部エチオピア；第1カタラクトから第6カタラクトまでのナイル河畔地域を指す）にも文化的に大きな影響を与えました。ヌビアとは、古代のこの地域を指す国名ではなく、古代エジプト語ではヤム、イレム、ターセティ、クシュなど様々な呼称が付けられていて、それぞれの時代で勢力のあった部族国家の名前であらわされています。しかし、第25王朝にもっとも栄えたナパタ王国がエジプト人によって「アメンの黄金の土地」と呼ばれたことから、慣習的に「ヌビア」と表されるようになったようです。ヌビアは北緯22度付近で上ヌビアと下ヌビアに分かれています。彼らの主な生業は牧畜で、後の時代（ローマ世界との接触後）はゾウの飼育、鉄生産、そして水揚げ機（サギーヤ、サーキーヤ）（写真下）導入によって農業生産も増えました。ローマ人はヌビアのことを「アエチオピア」と呼びました。

　古代エジプトに統一王朝ができる以前より、エジプトとヌビアには交易を通して人々の交流があり、古代エジプトの物質文化は時にヌビアの影響を色濃く受け、またある時にはヌビアに古代エジプトの物質文化が流入しました。特に古代エジプトの中王国時代、新王国時代の王たちはヌビアに眠る鉱物資源（銅や金）やヌビアを介してのアフリカ内陸産物資の交易のためにヌビアの土地を自国の領土とし、砦や植民地を築いてヌビアを政治的にコントロールしました。
　エジプトが古王国時代から中王国時代にかけて、ケルマを中心に「ク

サーキーヤ（水揚げ機）1960年代初頭　©AENET

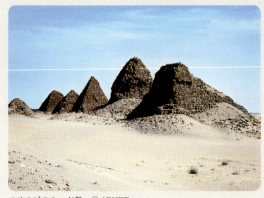
ヌリのピラミッド群　ⓒAENET

ジェベル・バルカル　ⓒAENET

シュ」王国が成立し、紅海沿岸部やアフリカ内陸部とエジプト王国との間の中継貿易を行って富を蓄えました。「クシュ」は、古代エジプト語で「ヤム」と呼ばれた国と比定されています。彼らの物質文化は独特で、古墳のような大きな墳丘を権力者のために造営し、多くの人々が墓の主とともに殉葬されました。また、大きな集会場のような建物も建造されており、同時代の古代エジプト文化とは様相の違う文化、支配形態があったことを伺わせます。

　その後、クシュ王国は一時的にエジプトの覇者となり、ヌビアを含んだ上下エジプトの統一王朝である第25王朝（ナパタ王国と呼ばれることもある）を興しますが、アケメネス朝ペルシアという北からの一大勢力に押され退却を余儀なくされ、再びヌビアの地方勢力としてエジプトがローマに属領化されてしまった後も存続します。

　第25王朝のカシュタ、ピアンキ、シャバコ、シェビティク、タハルカ、といった王たちは北から異民族の猛攻を受けて弱体化したナイル河畔を救うために立ち上がり、自らをエジプト王権の正当な継承者であることを示すために、積極的にエジプトの物質文化を取り入れます。クシュの主神はエジプトと同様アメン（アムン）となり、コブラが鎌首をもたげて守護しているように見える聖なる山ジェベル・バルカル（写真右上）にはアメン神の神殿が築かれました。王の墓所はヌリやエル・クルルにあり、墓は傾斜角度の高いピラミッドの形をしていました。クシュ王国時代の王族の埋葬は元来屈葬で葬られていましたが、カシュタ以降はエジプトのピラミッドに似せた小型四角錘の墓を作り、伸展葬で埋葬されました。王たちのピラミッド（写真左上）の傾斜角度は60度から65度もあり、新王国時代のディル・エル＝メディーナなどで建造された私人の祠堂形墓に似た形をしています。祠堂形墓と同じように四角錘の壁面には被葬者の魂（バー）が出入りす

る壁龕がナイル川に面して造られており、イタリア人医師フェリーニが発見したアマニシャケト女王（N6）の宝飾品が詰まった窪みとは、おそらくこの壁龕のことです（Welsby, 1996, 86-7）。エジプト化の影響を受けてミイラづくりも行われるようになり、王の棺は古代エジプトの「死者の書」などの呪文が浮彫されていました。もともと殉葬の習慣があった土地ですが、人身御供は廃れ、代わってウシャブティ（葬送の際に副葬される召使の人形）が非常に多く副葬されるようになりました。タハルカ王の墓には1070体以上ものウシャブティが副葬され、これはエジプトで通常副葬されるよりもはるかに多い数です。

　紀元前300年頃、エジプトではプトレマイオス朝時代に移行した頃、それまでナパタに居を構えていた王たちはメロエに遷り、この時期からメロエ王国は始まります。それまでのクシュ王国時代には盛んにエジプトの物質文化を取り入れようとしていましたが、メロエ王国になって政策は一変し、クシュ王国時代に使用していた古代エジプト語を廃止し、独自のメロエ文字を採用しました。さらに、クシュ王国時代に取り込んでいたエジプトの神々は次々とヌビア地方に元来いた土着の神々に置き換えられていきました。アメン神信仰は土着のライオン頭を持つアペデマクという男神信仰へと変わっていきました。アペデマク神の神殿はメロエを中心に多く建造され、イシスとホルスは配偶神と子として聖なる3柱神を構成しています。

　メロエ王国は女性の地位が高かったことが推察されます。女性が王位につくこともしばしばで、王国が最も反映した時期には王と対等の立場としてあらわされた女王が存在しました。ナカに建つ神殿の正面左右には王と王妃の両方が敵を打ち据える場面が描かれています。旧約聖書（8：27）にも「カンダケと呼ばれるエチオピアの女王」が絶大な権力を持っていたことが記されています。

　プトレマイオス王朝に支配されていたナイル河畔において、メロエ王国は常に上エジプト（エジプトの南方）と近い関係にありました。プトレマイオス王朝の圧政に対して紀元前184年にテーベとエドフで反乱が起きた時も、メロエ王国はテーベとエドフを支援しました。このようにメロエ王国は北からの勢力に常に対抗しますが、紀元前24年にローマ軍と戦を交えた後、ローマ軍にナパタを攻略され、その後和平条約を結ぶも次第に国力の衰退を迎えます。

　この背景にはナイル河畔の砂漠化、交易ルートそれまでのナイル川を経由したルートから紅海を通るアビシニア・ルートに変更されてしまったこと、バラナ文化という新しい文化を持った人々が台頭してく

ること、そしてメロエ王国を一時的に占拠したローマのディオクレティアヌス帝による遊牧民族「ブレンミス」や「ナバダエ（ノバダエ）」という人々の移住政策によって下ヌビア地方に新たな人々が定住したこと、そして最終的には紀元後350年頃、エチオピアのアクスム王国が台頭し、軍事的侵攻によって商業ルートが奪われたことがあったといわれています（Shinne, 1996, 116-118）。

参考文献：

Welsby, D.A.,
1996　　*The Kingdom of Kush: The Napatan and Meroitic Empires*, British Museum Press London

Shinne, P.L.,
1996　　*Ancient Nubia*, Kegan Paul International London and New York

COLUMN
衛星データ

恵多谷雅弘

　衛星データには、地球規模の調査を目的とした広域センサの観測データや、高精度な調査を目的とした高分解能センサによる観測データまで様々なものがあり、それらの利用にあたっては調査の対象物や目的に適したデータを選ぶ必要があります。例えば、Terra衛星に搭載されたMODISセンサは、観測幅2,330 km、地上分解能250 m（Band1、2）、36バンドで地球のほぼ全域を毎日観測しているため、気象観測、海洋調査、植生分布など、地球規模の定常的な観測によく使われます。一方、WorldView-2衛星の高分解能センサは、観測幅は約16.4 kmしかありませんが、地上分解能が約0.5 m（パンクロマティック：配給時）と優れており、撮影条件が良い場合は人間の存否を識別することも可能です。

テラ（Terra）

　地球規模での気候変化に関する総合的調査を目的として1999年にNASAが打ち上げた地球観測衛星 EOS AM-1衛星の別称。地上約705 kmの高度から、MODIS（中分解能撮像分光放射計）、ASTER（高性能熱放射反射放射計）、CERES（雲・地球放射エネルギー観測装置）、MISR（複数角度分光放射計）、MOPITT（対流圏汚染観測装置）などの5種類の観測センサで毎日地球を観測している。

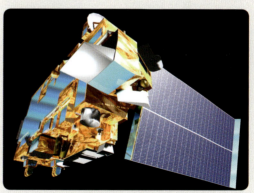

Terra衛星（©NASA GSFC）

ランドサット（Landsat）

　1972年7月23日に打ち上げられたLandsat1号は、地球資源と環境の監視を目的として、地上約915kmの高度から185km×185kmの観

測範囲を1シーンとして、18日に1度の周期で同一地域の可視・近赤外画像データによる観測を可能とした。Landsatシリーズは、これまでに1号から8号までが打ち上げられ、それらによって観測された地表の鮮明な画像情報は、地球観測技術（特にリモートセンシング）の発展・普及に大きな役割を果たした。

WorldView-2

米国 DigitalGlobe 社保有の高分解能商用地球観測衛星。地上約770 km の高度から、地上分解能約46 cm、8バンドの多波長センサで地球を観測している。2009年10月に打ち上げられた。

だいち（ALOS）

2006年1月に日本の宇宙航空研究開発機構（JAXA）が打ち上げた陸域観測技術衛星。地上分解能2.5 m で3方向視観測モードをもつパンクロマティック立体視光学センサ PRISM、地上分解能10 m の高性能可視近赤外放射計 AVNIR-2、フェーズドアレイ方式 L バンド合成開口レーダ PALSAR を搭載。2014年6月には、PALSAR-2 搭載の ALOS-2号が打ち上げられた。

コロナ（CORONA）

米国の偵察衛星 KH-1、KH-2、KH-3、KH-4、KH-4A および KH-4B が、1959年〜1972年に70 mm モノクロフィルムで撮影した写真のシステムコード名。クリントン大統領によって1995年に公開された。地上分解能は約6フィート、観測幅は約8.6×117マイル（KH-4B）とされ、パノラマカメラ（前方視・後方視）が用いられている。

SRTM（Shuttle Radar Topography Mission）

米国スペースシャトルに搭載された合成開口レーダによって計測されたデジタル標高モデル。北極、南極を除く世界の陸域の約80％をカバーしている。1秒メッシュ（約30 m：アメリカ合衆国のみ）、3秒メッシュ（約90m）などのデータが公開されている。

DEM（Digital Elevation Model）

標高、勾配、斜面、方位などの地形の特徴を数値表現するデータのことであるが、DEM とはその中の特に標高モデルのことをいい、任意位置における標高の内挿が可能な標高データの集合体である。

リモートセンシング（Remote Sensing）

衛星や航空機などに搭載されたセンサ（観測機器）によって、地球上の物体や現象などの情報収集を行う技術。遠隔探査ともいう。

波長

一般に、衛星による地球観測では可視光からマイクロ波にまでわたる電磁波の波長域が使われる。人間の眼に見える青、緑、赤などの波長域の電磁波を可視光（0.4〜0.75μm）といい、単に光というときは可視光を指す。青は波長が短く、緑、赤はそれより波長が長い。赤外線（0.75μm〜1000μm）やマイクロ波（1nm〜1m）の波長はそれよりさらに長い波長の電磁波である。

バンド

リモートセンシングなどの衛星センサでは、電磁波エネルギーをある幅をもった単数または複数の波長帯域で観測する。そうした幾つかの波長帯域に分光して観測されたそれぞれのデータをバンド（あるいはチャンネル）という。

参考文献：

鶴間和幸、惠多谷雅弘監修
2013　『宇宙と地下からのメッセージ』　株式会社 D-CODE
（財）リモート・センシング技術センター　東京
2002　『総覧世界の地球観測衛星』　東京

参考出典：

http://gmao.gsfc.nasa.gov/

研究資料編

地球観測技術と考古学の融合
衛星リモートセンシングデータによる古代エジプト遺跡の発見について

惠多谷雅弘

－1－
宇宙考古学

　1972年7月、地球観測を目的とした人工衛星アーツ（ERTS）が米国航空宇宙局NASAによって打ち上げられた。この衛星は後にランドサット1号（Landsat）と改名され、その鮮明な地球の映像が国際的に公開されたのを機に、衛星からのリモートセンシング（Remote Sensing：遠隔探査）が世界で盛んに行われるようになった。人工衛星によるリモートセンシングは、地球規模からローカルな地域までの観測が可能なことから、環境、災害、資源、気象、海洋など、様々な領域での地球情報の調査・研究に応用され、これまで多くの成果をあげている。例えば、海面温度の観測によって漁場の状況を把握する技術や、多時期の衛星画像間の差分検出によって土地被覆の変化や森林伐採状況を調査する技術などは既に実用の域に至っている。

　近年、衛星に搭載されるセンサ（Sensor：観測装置）が高解像化し、赤外線やマイクロ波センサによって地表の状況がより明確に観測できるようになると、その応用範囲はさらに多様化し、密林や砂漠の下に埋もれた古代の都市や遺跡の検知なども可能となってきた。この宇宙からの地球観測技術を考古学の領域に応用し、現在の地球環境をモニタリングしながらかつて文明があった地域の遺跡や古環境を調査するための新たな研究領域を宇宙考古学（Space Archaeology）という。

　日本における宇宙考古学は、1988年に開催された「宇宙考古学について」と題する研究セミナー（主催：なら・シルクロード博記念財団）において、わが国のリモートセンシングの第一人者である坂田俊文先生（東海大学情報技術センター所長：当時）と、フランスの地理学者ジャンテル（P. Gentelle）教授が、古代研究における衛星データの有効性と可能性に関して発表したことが始まりとされる。その後の1993年には、パリのユネスコ本部で第1回目となる宇宙考古学専門家会議が開催され、ユネスコが計画している古代シルクロードの調査にリモートセンシング技術を応用するための論議が行われた。

－2－
リモートセンシングの衛星センサ

　リモートセンシング用の人工衛星搭載センサの主なものとして、光の領域で地表を観測

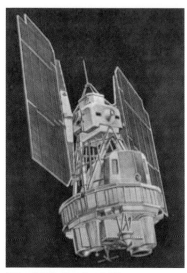

図1　ERTS（Landsat 1号）

する光学センサと電波の領域を観測するマイクロ波センサがある。光学センサを用いたリモートセンシングの主な利用分野としては、可視〜近赤外のスペクトル情報を用いた土地被覆調査や、地質判読を目的とした物質分布の調査、海洋調査、災害監視などが知られるが、近年 WorldView-2 などの高分解能衛星データが入手可能になったことで、地上対象物の空間的特徴（規模・形状）をより明確に調査できるようになった。これらの考古学的応用の主な事例として、エジプト、南米ペルーのナスカ、モンゴル、シルクロード、パルミラ、アンコールワットなどにおける遺跡調査があり、砂漠や遺跡、植生、集落、河川、オアシスなどの調査や、古代環境情報を推定するための基本的な情報収集手段として利用されている。

一方、考古学分野において潜在的な期待がもたれているセンサとして、衛星搭載合成開口レーダ SAR（Synthetic Aperture Radar）がある。SAR は昼夜・天候に左右されず世界各地の高分解能な画像が得られるマイクロ波センサとして各方面から注目されており、主に地質、海洋、雪氷、土壌水分、植生などの調査・観測に利用されている。SAR が初めて衛星に搭載されたのは、1978年に打ち上げられた NASA のシーサット（SEASAT）である。SEASAT は海洋観測を目的に開発された衛星であったが、陸域の資源探査分野におけるその有用性が確認されたことから、その後の衛星計画に大きく影響を及ぼした。リモートセンシングにおいて SAR が最も注目されたのは、1981年に実施された「SIR－A 計画（Shuttle Imaging Radar Mission A）」であり、この実験においてスペースシャトルに搭載したLバンドの SAR がサハラ砂漠の下に埋もれた古代の河川跡を検出した。マイクロ波の砂層や植生への透過性に関しては理論的には予測されていたが、この実験結果はLバンドのマイクロ波センサが光学センサでは不可能な砂漠の下の情報を観測可能であることを実証するものであった。以来、マイクロ波リモートセンシングへの期待は大きく、近年では、陸域観測衛星だいち（ALOS）や、だいち2号（ALOS-2）など、我が国においても SAR を搭載した衛星の打ち上げが活発に行われている。現在それらで取得したデータの応用研究が様々な分野で試みられており、考古学分野では砂漠や植生で覆われた遺跡の検出や古水系の調査などに有効と考えられている。

－3－
東海大学情報技術センターにおける
遺跡探査への取り組み

東海大学では、過去から未来に至る地球の歴史のなかで、特に地球と人とのかかわりを重視した自然科学研究に積極的に取り組んでおり、そのための総合的地球観測構想の一環として、1974年に衛星データ解析や画像処理を主な研究テーマとする情報技術センターを、1986年に大学初の衛星データ受信・処理施設となる宇宙情報センターをそれぞれ設置した。以来2つのセンターは連携しながら、特に地球観測や画像情報工学分野における我が国の先導的役割を担ってきた。

情報技術センターが遺跡探査に本格的に取り組むようになったのは、故江上波夫先生（当時東京大学名誉教授）を総隊長として、1990年から3年間実施されたゴルバンゴル計画（読売新聞社とモンゴル科学アカデミーによる合同プロジェクト）が最初である。チンギスハーンの陵墓探査を目的としたこのプロジェクトでは、陵墓の特定には至らなかったものの、衛星データの画像特徴量と遺跡の立

図2　情報技術センター（東京：写真左）と宇宙情報センター（熊本：写真右）

地環境を関連づけることで、地上分解能が最高で10m程度だった当時の衛星データ（SPOT 1号衛星 HRV-P と Landsat 5号衛星 TM のパンシャープン画像）でも、通常は直径3～4m程の規模しかないモンゴル時代の積石式墳墓が発見できることを実証した。その後、早稲田大学の吉村作治先生（古代エジプト調査室主任：当時）のグループと合同で古代エジプト遺跡を対象とした遺跡探査技術の開発に着手したのは1994年からであり、これまで20年間で5例の古代エジプト遺跡の発見に成功している。さらに近年では、そうした技術をエジプト以外の地域に応用するための調査・研究にも積極的に取り組んでいる。

－4－
衛星データを用いた遺跡探査

考古学分野において衛星データに最も期待されることは、砂漠や密林に埋もれて今はその存在すら分からなくなってしまった未知遺跡の発見である。しかしながら、遺跡調査におけるこれまでの方法は、考古学者の勘や経験に頼った部分が多いことから最新の科学的データや技術を活用した効果的かつ効率的な調査技術の確立が望まれている。一方、遺跡探査において、航空写真判読は既に確立された技術の一つとなっているが、それによって一度に撮影できる範囲は狭く、例えばエジプトの砂漠全体を対象とした広範な調査には適さない。特に海外での調査では、国家機密などの理由で航空写真自体の入手が不可能な場合もあり、それに代わる新たな調査方法として衛星データに対する期待は大きい。

宇宙考古学の研究では、衛星データと考古学資料を組み合わせ、補助データとして地図情報などを活用しながら、古代における遺跡の立地条件や景観などを推定・復元する。これに加え、近年の高分解能衛星センサの登場と画像解析技術の向上は、ある程度の規模さえあれば、地上では見つかりにくい遺跡の検出を可能としており、特に地表面に見られる遺跡の痕跡や、それと関連した集落や水系の分布形態などの抽出において不可欠なツールとなっている。これに対して、砂や密林に覆われた遺跡建造物は、光学センサでは捉えにくい場合もあり、SARデータが重要となる。したがって衛星データによる遺跡探査では、高解像の光学センサとマイクロ波センサを組み合わせた多衛星データによる調査手法の技術的体系の確立が重要と考えられる。

図3 衛星データによって発見に成功した5例の古代エジプト遺跡の位置
（ベース画像：Landsat7号 ETM モザイク画像）

－5－
ダハシュール北遺跡の発見

　エジプト・ナイル川西岸の砂漠地帯には、ピラミッドや神殿など古代エジプトを代表する多くの施設が建造されたことがよく知られる。ピラミッドは古王国時代から中王国時代にかけて盛んに建造され、その多くはすでに発見されている。しかしながらメンカウホル王（第5王朝）、ネフェルカーラー王（第7～8王朝）、イティ王（第9～10王朝）などのように、ピラミッドを建造した可能性があるにもかかわらずその所在が分からない王が存在することから、この地域にまだ幾つかの砂に埋もれた未発見のピラミッドが残存すると考えられている。そうしたピラミッドに代表されるエジプト王朝時代遺跡の新たな発見はエジプト学における大きな課題のひとつであり、衛星データでこれまで未発見の遺跡を探し出すことに成功すれば、それから得られる新たな知見によって、古代エジプトの様々な謎が解明できるものと期待できる。

　このような背景から、東海大学情報技術センターが砂に埋もれた古代エジプト遺跡の探査を目的とした新たな研究課題に取り組むことになったのは1995年のことである。この研究では、まずピラミッドを主体とした既知の王朝時代遺構の分布や残存状況の特徴を衛星データで確認し、次にそれらの遺跡形成に深く関与したと考えられる当時のナイル川の氾濫を数値標高データによるシミュレーションで復元しながら、最終的に同じ特徴をもつ地点を Landsat TM（1987/5/12撮影）、SPOT HRV（1987/2/8撮影）、ふよう1号（JERS-1、1994/8/26撮影）などの衛星データとグランドトゥルース（Ground Truth：リモートセンシングの地上検証）によって比較・検討した。その結果、未発見遺跡の有望地点の選定

条件として、以下を満たす必要があるとの結論に至った。
①ナイル川西岸砂漠縁辺の遺跡の空白地帯である。
②ナイル川の氾濫の影響を受けにくい標高40m以上の丘陵上に建造されている。
③上部が崩壊あるいは未完成の遺構の構造的特徴，痕跡，レーダの反射特性等を有する。

1996年、ギザの南約20 kmのダハシュール（Dahshur）において、上部が崩壊した遺構の痕跡と推定される3つの円形パターンと石灰岩チップの強いスペクトル反射をもつ未発見遺跡の有望地点「Site No.35」の存在が新たに入手したロシアの衛星データ KVR-1000 （1991/2/27撮影）などによって特定された。

そこはナイル川の氾濫の影響を受けない海抜50mの小高い丘で、前述①～③の条件に合致することから地表を詳しく観察すると、エジプト王朝時代の遺跡の存在を示唆する15基におよぶ竪穴遺構（シャフト墓）、石灰岩の切石、ヒエログリフが描かれたレリーフ片、青色顔料が施された土器片、ファイアンス製のシャブティー像など、多数の遺物の地表散布などが確認された。

考古学チームと検討を重ねた結果、Site No.35地点の発掘調査実施が決まった。発掘を開始すると、幅約17m、奥行き約47mの日乾煉瓦製の大型遺構やこの場所にピラミッドがあったことを実証する石灰岩製の加工された四角錐「ピラミディオン」なども出土した。考古学的な検証の結果、この遺構はエジ

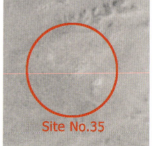

図4　ダハシュール北遺跡から出土したイパイのトゥームチャペル（上）とピラミディオン（左下）、および Site No.35地点の KVR-1000画像（右下）

プト新王国時代後期（紀元前1400年～1300年頃）に属する「トゥームチャペル（小さなピラミッドが付いた神殿型の貴族墓）」であり、そこから出土した煉瓦スタンプから被葬者は王の書記イパイ（Ipy）であることも特定されている。Site No.35は、その後「ダハシュール北遺跡」と命名され、墓域全体のさらなる考古学的検証によって新たに2基のトゥームチャペルなども出土している。

このように、衛星データを用いた遺跡探査でエジプト王朝時代の大型遺構が発見され、その発掘に成功した事例は本例がエジプト学史上はじめてである。

－6－
古代エジプトの港湾施設の発見

古代エジプトの標準的とされるピラミッドは、ピラミッド本体の東側に葬祭神殿が築かれ、そこから東に向かって緩い傾斜の参道が下り、現在の耕地帯と接する砂漠縁辺に河岸神殿があるという複合構造（ピラミッド複合体）を成す。ナイル川氾濫時の都市からピラミッドへのアクセスには船が使われ、氾濫後もピラミッドの東側は運河や池などによってナイル川と連絡可能な港湾施設となっていた。港湾施設は、ピラミッド建造の際には石材を採石場から船で運ぶために利用されていたと推定されており、完成後はそこに河岸神殿が建造され、実質的なピラミッド複合体への玄関口となった（Lehner, 2008）。

そうしたピラミッドの港湾施設が今も残る例として、サッカラのウナス王（第5王朝）のピラミッド複合体が知られる。ウナス王のピラミッドの港湾施設では、砂漠縁辺に建てられた河岸神殿を中心として、東側にはナイルの河水を利用した方形の人工池、西側にはピラミッド本体へと続く参道が今も残っている。人工池の水は既に枯渇しているが、近くの砂漠縁辺の耕地帯には近年まで沼沢地が点在していたことが分かっている。

東海大学情報技術センターでは、ダハシュール北遺跡の発見以降もピラミッドと当時の水辺環境の関係を継続的に調査している。そのなかで、赤いピラミッドや屈折ピラミッドが建ち並ぶダハシュールにおいて、ピラミッドの港湾施設と推定される方形の外郭ラインを有する地面の落ち込み「Site No.49」の存在が新たに発見された。場所は、アメンエムハトⅢ世（第12王朝）のピラミッドと隣接するかつてのナイル川の氾濫原の縁辺で、同ピラミッドから低位砂漠を約600ｍ東に下った地点に位置する。

米国の高分解能衛星 QuickBird のデータ（2004/5/31撮影）と米国の偵察衛星写真 CORONA（1965/1/25撮影）から判読されるSite No.49の特徴は以下の通りである。

① アメンエムハトⅢ世のピラミッドの河岸神殿近くに東西約190ｍ、南北約500ｍに及ぶ方形の外郭ラインを有する地面の落ち込みが存在する。
② 方形の各辺は周囲のピラミッドの各側面と同じ東西南北を指向している。
③ 方形中央の西約2kmの地点にはスネフル王（第4王朝）の屈折ピラミッドがある。
④ 東西方向の辺長は屈折ピラミッドの底辺長（188ｍ）とほぼ等しい。

エジプト考古最高会議（SCA）の許可のもと、2008年8月から3度にわたり同地点のグランドトゥルースを実施した結果、Site No.49は道路面より約2ｍ落ち込んだ海抜21ｍのほぼ平坦な土地であり、砂の堆積が見られる北西の一角を除く方形領域内にはブッシュ風の水生植物が生育していた。地表面を観察すると今は乾燥した状態だが、CORONA写真が撮影された1965年1月時点

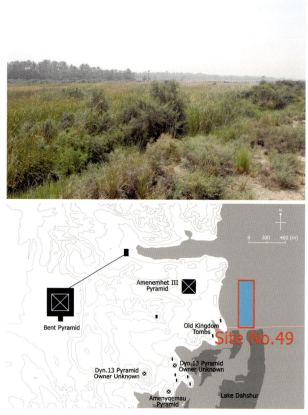

図5　Site No.49地点の現地写真と周辺ピラミッドとの位置関係

では水域となっており、近年までナイルの河水が供給されていた場所であったことが分かる。また、すぐ西側の砂漠縁辺には、アメンエムハトⅢ世のピラミッドの参道または河岸神殿の関連遺構と推定される地面の盛り上がりも確認できる。

Site No.49の形状やピラミッドとの位置的関係から、同地点がウナス王のピラミッドの港湾施設と極めて類似した構造をもつ施設であり、これまでの地表における考古学的観察では距離的に最も近いアメンエムハトⅢ世のピラミッドの港湾施設として考えるのが最も蓋然性が高い。その一方で、アメンエムハトⅢ世のピラミッドと同じ中王国時代に建造されたピラミッドではそうした港湾施設の存在がこれまで確認できていないことから、別の可能性として、ウナス王と同じ古王国時代に建造され、かつSite No.49のほぼ真西に位置するスネフル王の屈折ピラミッドとの関連性も検討しておく必要性もある。

いずれにしても、ギザと同じ大型ピラミッドが建ち並ぶダハシュールにおいてピラミッドの関連性が強く想定される人工的な港湾施設の存在がはじめて確認できたことは、ピラミッド複合体の立地環境や全体像をより詳しく知る上での貴重な例証となるものと考えられ、その考古学的意義は大きい。また当遺跡がピラミッドの港湾施設と確認されれば、その規模は最大となる。

－7－
衛星SARによる遺跡検出

情報技術センターが取り組んできた研究のもう1つの大きな成果として、ダハシュール北遺跡発見に先駆けた予備調査において、衛星搭載SARの画像解析により、その存在が明らかとなった古代エジプト遺跡がある。SARは、マイクロ波を地表面に対して斜めに照射し、地表（ないしは地下）で散乱して戻ってきた反射波「後方散乱」を観測する。昼夜、天候に左右されず世界各地の高分解能な画像が得られるセンサとしてSARは、各方面から注目されているが、遺跡探査において最も期待されるのはマイクロ波の砂層や植生に対する透過性である。物体にはそれぞれ固有のシグネチャ（Signature：電磁波の散乱・放射特性）があるが、SARの場合、画像上の濃度はマイクロ波の後方散乱強度に比例する。

ナイル川西岸の砂漠地域をJERS-1のLバンドSARで観測すると、砂漠内に建造されたピラミッドや王朝時代の遺構、鉄道や道路などの人工施設は強い後方散乱を示すことから画像上では明るく現れ、何も存在しない砂漠領域は後方散乱が少ないために画像上では暗くなる。これは極めて乾燥した条件下においてLバンドのマイクロ波が砂層を透過する性質を持つためであり、そうしたマイクロ波シグネチャを遺跡の空白地帯で検出できれば、砂漠に埋もれた未発見遺跡の発見につながる。

1995年2月、JERS-1のSAR（1994/08/26撮影）によって検出された遺跡の有望地点のひとつから、これまで未報告の砂漠下に埋もれた王朝時代遺跡が発見された。場所はサッカラのグレートエンクロージャー南西角から約700m西方の砂漠の小丘上であり、そこはLandsatやSPOTの光学センサでは地表に何も存在しない低位砂漠と見られたが、JERS-1のSARでは周囲の砂漠より明らかに強い後方散乱が確認され、その特徴はピラミッドで見られる大型建造物遺構のレーダシグネチャと極めて類似していた。同地点は、スコットランド隊のコンセッション領域近くに位置するが、Site No.29地点の遺跡の存在に関してはこれまで報告はなく、レプシウスの遺跡地図にも記載はない。

図6　Site No.29地点のJERS-1/SARデータ

図7　Site No.29地点の中央の遺構

現地を踏査すると、ほとんど平坦な砂漠の小丘上に日乾煉瓦建造物の壁体、加工面を持った石片、多量の土器などが地表に広範囲にわたって散在している状況が確認され、それらの考古学的特徴はエジプト新王国時代の遺跡の存在を強く示唆していた。

一方、JERS-1とほぼ同じセンサ特性を有する衛星SARとして、スペースシャトルの搭載SAR「SIR-C (Shuttle Imaging Radar Mission-C)」がある。両センサは観測パラメータ等で若干仕様が異なるが、SARの周波数や偏波においてほぼ同じセンサと考えることができる。このSIR-CのLバンドHH偏波の観測データによって、南サッカラの砂漠領域で検出に成功した砂に埋もれた未報告遺跡がある。Site No.39と命名されたその遺跡は、ジェセル王（第3王朝）の階段ピラミッドから約2km南の涸れ谷ワディタフラ (Wadi Tafla) に沿った砂漠丘陵に位置する。そこは光学センサ、レプシウスの遺跡地図、JERS-1のSARデータなどで何もない砂漠と考えられていた地点であるが、SIR-C（1994/4/20撮影）の観測データによって隣接するメルエンラー王（第6王朝）のピラミッドと極めてよく似たドット型の後方散乱パターンが検出された地点である。

1997年10月、同地点のグランドトゥルースを実施したところ、遺構の一部と考えられる石灰岩片が地表に僅かに露出している状況が確認され、さらに周域ではエジプト王朝時代のシャフト墳墓と推定される直径約2～3mの地表面の窪みや土器片などの散布も認められ、そうした特徴からエジプト王朝時代の遺跡が地中に存在するものと推定されている。

以上のSite No.29とSite No.39の発掘調査は現時点においてまだ実施されていないが、

図8　Site No.39地点のSIR-Cデータ（左上）と同じ範囲の遺跡地図（左下）、およびグランドトゥルースで確認されたシャフト墳墓と推定される地表の窪み（右上）と地表露出する石灰岩片（右下）

これまで衛星搭載SARによって古代エジプトの砂漠下に埋もれた遺跡を発見した事例はないことから、両遺跡の発見はエジプト学への貢献のみならず、衛星による遺跡探査技術確立のための極めて重要な資料と言える。

― 8 ―
ナイルデルタの遺跡探査

エジプトの古代の都市・村落遺跡の多くは、ナイル川の氾濫が及ばないマウンド（ヘブライ語でテル、アラビア語でコーム）上に形成されている。ピラミッドなどの乾燥した砂漠領域を中心に分布する遺跡に対して、ナイルデルタの低湿地には、そうしたマウンド上に神殿などの煉瓦遺構や土器片が観察される「テル状遺跡」が多く存在する。このナイルデルタを対象とした調査で、多衛星データの画像特徴量から特定した未知遺跡の有望地点「Site No.52」において、これまで未報告のヘレニズム時代のものと推定されるテル状遺跡の存在が新たに発見された。

Site No.52が発見されたデルタ北西のイドゥク湖南岸地域は、これまで十分な考古学調査が行われていないことから未知のテル状遺跡が存在する可能性は高い地域と考えら

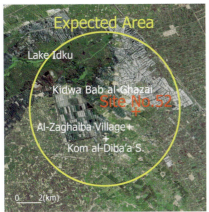
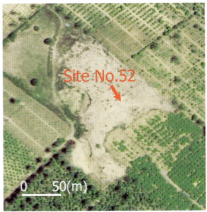

図9　Site No.52地点のWorldView-2データ（左上）とその拡大画像（右上）、および発見されたヘレニズム時代の住居跡と推定される遺構痕跡（下）

れるが、この40〜50年間の土地開発によって地域一帯が大きく変貌しており、丘陵地の殆どが削平され、今は農耕地、果樹園、養魚場などとなっている。そうしたなか、遺跡の空白領域を対象にALOS衛星の新型SAR（PALSAR：Phased Array type L-band Synthetic Aperture Radar、2007/8/17・2007/9/3撮影）とLandsat 7号ETM+データ（2002/6/17撮影）の多チャンネル分類処理によって、まずテル状遺跡あるいはそれと類似した土地被覆のみを抽出し、次にその中から未知遺跡の有望地点をWorldView-2衛星（2010/5/29・2010/6/17撮影）とCORONA写真（1965/1/25撮影）の比較検討によって絞り込んでいった結果、キドワ・バーブ・アル＝ガザル（Kidwa Bab al-Ghazai）地区の遺跡の空白領域に位置する果樹園内で、今現在も削平されずに残存する黄色砂と草地の土地被覆から成る小丘の存在が確認された。さらにWorldView-2データによる詳細な画像判読を行うと、小丘上に人工構築物の痕跡と推定される3本の直線構造も確認できた。

　以上の理由から、2012年に2度のグランドトゥルースを実施したところ、マンゴー畑内に存在する草に覆われた小丘の一角に、幅約11 m、奥行き約18 mの方形外郭をもち、長軸が北東－南西方向を指向するヘレニズム時代の住居跡と推定される遺構の存在が確認された。ALOS衛星搭載PRISMセンサの3方向視モード観測によるDSM（Digital Surface Model）データから丘陵上部の標高を計測すると、海抜は約6 m、周囲のマンゴー畑との比高は約3 mあり、そこがナイル川の氾濫の影響を受けにくい地形であることも分かった。同地点の遺跡の存在に関しては、エジプト政府考古部門（SCA）の遺跡登録台帳にも記載されていない。

　ナイルデルタには紀元前6千年紀頃の海進に由来する潟湖が分布しており、強い塩基性土壌のために灌漑システムの整備が遅れて来たことが知られる。その不毛の地に多くのヘレニズム時代遺跡が分布していたことは、ファラオ時代の後に地中海沿岸と古都メンフィスをつなぐ重要な戦略拠点がその一帯に存在していたことを示唆している。Site No.52の遺跡の性格や構築された年代に関しては現時点では確定できないが、この発見は乾燥した砂漠領域以外に存在する遺跡調査における衛星データの有効性を実証するだけではなく、これまで注目されてこなかったナイルデルタの遺跡分布の実態解明に向けた衛星データの新たな応用分野開拓に寄与するものと期待される。その一方で、今回新たに発見された遺構は、一帯の土地開発で近い将来に破壊されてしまう可能性もあることから、遺跡の性格や年代を特定するための早急な発掘調査の実施と遺跡の保護が望まれる。

－9－
宇宙考古学の新たな展開

　以上のように、衛星リモートセンシングのデータは考古学・歴史学の資料や地形情報等を通して解析することで、遺跡や古環境の理解に有効な情報を提供可能であることが分かってきた。本稿では古代エジプトを対象とした宇宙考古学の研究事例を取り上げたが、世界には様々な文化や歴史があり、遺跡の立地や形状も多種多様である。考古学領域において、こうした宇宙からの情報技術を実用ツールとしてさらに活用していくためには、地域ごとの環境を長期的視点で理解した上で、調査事例を積み重ねながら地域に適した手法を開発することが重要と考えられる。東海大学情報技術センターでは、そうした宇宙考古学研究の新たな展開として、立地環境が

異なる世界の様々な遺跡の調査に応用可能な多地域対応型遺跡探査技術の研究開発に今後も積極的に取り組んでいく計画である。

主要参考文献

恵多谷雅弘、下田陽久、松岡龍治、坂田俊文、長谷川奏、吉村作治
2005 「JERS-1/SARによって検出された古代エジプト遺跡Site No.29に関する一考察」『日本リモートセンシング学会誌』Vol.25 No.5 pp.459-472 東京

恵多谷雅弘、須藤昇、松前義昭、坂田俊文
1998 「衛星SARによるエジプト・南サッカラ地区の遺跡検出について」『写真測量とリモートセンシング』Vol.37 No.2 pp.23-28 東京

恵多谷雅弘、下田陽久、長谷川奏、吉村作治、エルサイードアッバスザグルール
2010 「QuickBird画像による古代エジプトの港湾施設Site No.49の発見について」『写真測量とリモートセンシング』Vol.49 No.4 pp.269-273 東京

恵多谷雅弘、中野良志、下田陽久、長谷川奏、エルサイードアッバスザグルール
2013 「多衛星データを用いた古代エジプト遺跡Site No.52の発見について」『写真測量とリモートセンシング』Vol.52 No.4 pp.200-206 東京

坂田俊文、恵多谷雅弘、吉村作治、近藤二郎、長谷川奏、坪井清足
1997 「衛星によるピラミッド探査と古代エジプトの遺跡発見について」『写真測量とリモートセンシング』Vol.36 No.6 pp.41-53 東京

坂田俊文
2002 『宇宙考古学―人工衛星で探る遺跡と古環境』丸善 pp.23-26 東京

シルクロード学研究センター編
1995 『シルクロード学研究1―宇宙考古学研究』シルクロード学研究センター p.1 奈良

Mark Lehner, M.,
2008 *The Complete Pyramids-Solving Ancient Mysteries,* Thames & Hudson, New York pp.18-19

写真・衛星データクレジット
1．NASA：図1、図8
2．東海大学情報技術センター：図2、図3、図5、図7、図8、図9
3．早稲田大学エジプト学研究所：図4
4．大村次郷：図4
5．Sovinformsputnik：図4
6．宇宙航空研究開発機構：図6
7．DigitalGlobe・日立ソリューションズ：図9

日本で初めてのパピルス・プロジェクト！
東海大学　古代エジプト・パピルス文書の修復保存・解読・出版に関わる国際プロジェクト

山花京子

― 1 ―
プロジェクト発足

　2010年に故鈴木八司名誉教授のご遺族より寄贈された古代エジプト及び中近東コレクション（通称 AENET）には考古遺物約6,000点、写真資料約1万5,000点のほか、古代のパピルス文書が約400片含まれていた。これらのうち、パピルス文書については米国イェール大学のマニング教授とジョンズ・ホプキンス大学のジャスノウ教授（写真下）らにより評価が行われ、デモティック（民衆文字）で書かれた文書が主体となっており、古代エジプト王朝時代の末期の社会を探る上で非常に貴重な資料であることが判明した。

　これらの資料を解読し出版するためにはパピルス文書の修復と保存が最優先事項であることから、東海大学総合研究機構プロジェクトによる「東海大学の古代エジプト・パピルス文書の修復保存・解読・出版に関する国際プロジェクト」を3ヶ月計画で発足させた（研究代表　北條芳隆）。初年度（2013年度）はパピルス修復保存の技術を学び、修復のできる学生の養成を課題とし、2年次（2014年度）は初年度に研修を受けた学生から若干人を選抜し、ミシガン大学とベルリン新博物館での研修およびインターンシップが行われた。さらに本学所蔵パピルスの評価を行ったイェール大学のマニング教授門下の大学院生とジョンズ・ホプキンス大学のジャスノウ教授、そして彼の大学院生の4人が来日し、修復保存の最終段階であるパピルス断片の「アライメント（接合）」を行った。最終年度の3年次には出版を目指す。

　本プロジェクトはパピルス修復師を養成することからはじめており、海外の技術者を日本に招聘して学生に学ぶ機会提供する、本邦のみならず東アジア全体においても初めての試みである。日本には1900年代初頭以降に海外よりもたらされた古代エジプトのパピルス文書が少なからず存在するが、それらは購入当時そのままに保管されており、すでに100年近く経過して劣化が著しい物も多くある。収蔵館もパピルスの劣化を認識しつつも専門の修復師が日本に存在しないという理由から遅々として修復保存が進まないのが現状である。

　そのような現状を打開するためにも、日本における修復師の養成は急務であると考えた。日本人は生来手先が器用であり、細かい作業を行う際の集中力と持久力にはどの分野

2012年来学時のリチャード・ジャスノウ教授（写真右）、ジョセフ・マニング教授（写真中央）と筆者（写真左）

においても定評があるため、日本人修復師が誕生する日も遠からずあるのではないかと期待している。

まず修復保存にあたり、パピルス文書の物質的特性を知るために総合大学としてのスケールメリットを活かし、高度物性評価施設と工学部の協力を仰ぎ分析を実施し、顔料などの特定を行い、修復保存計画を立てた。同時に記録台帳のデジタル化保存に取り組んだ。本文では2013年度および2014年度のプロジェクト成果を報告する。

－2－
2013年度パピルス修復師養成ワークショップ

2013年11月の建学祭時期に合わせてベルリンの新エジプト博物館よりパピルス修復師のミリアム・クルシュ氏を招聘し、約1ヶ月間にわたってパピルス修復保存の技術を習得した。クルシュ氏はベルリンの新博物館の専属修復師として著名であり、世界の第一線で活躍しているパピルス修復師たちを教育した人物でもある。クルシュ氏に本学での講習を打診したところ、極東の地にあるパピルスに関心を示し、自身の休暇を利用して来日してくれた。

東アジア初の試みであるパピルス修復師の養成を行うに当たって、本学においてパピルス修復を学びたい学生を募ったところ、12名の定員に対して文学部や教養学部から25名の応募者があった。さらに、クルシュ氏の指導内容を日本語に翻訳して伝える通訳兼アシスタントを若干名募集したが、こちらも文学部や経営学部などから6名の志願者があり、本ワークショップは文学部の垣根を越えた多学部（多学科）混成チーム編成となった。

クルシュ氏は10月31日に来日、翌日11月1日よりワークショップが開始した。パピルス学史、およびパピルス保存修復技術の最前線と修復記録方法についての講義が行われたが、このような講義は日本に「パピルス学（パピロロジー）」というものが存在していないため、本邦では初めての講義であり、聴講のために来訪した専門家たちも真剣に聞き入っていた。一連の講義が終わった後、いよいよ現代のパピルスを使った実習が行われた。学生はパピルスの表面に拡大鏡をあて、裏表や繊維の方向、密度を観察し、修復を必要とする箇所の状態などを細かくリスト化する方法を学んだ。そして糊となるメチルセルロースの作り方や濃度などを教わり、修復の概要を学んだ。現代パピルスの扱いに合格した学生は古代パピルス文書のオリジナル断片

パピルスの取り扱い方を学生に教えるクルシュ氏

古文書の修復を参加者に講義する東京大学史料編纂所高島氏

が割り当てられ、クルシュ氏の丁寧な指導のもと、およそ1週間かけて1片のパピルス文書を修復、最終的にはガラス板の間に封入するところまで学んだ。

また、パピルス文書の修復と平行する形で、研究協力者である東京大学史料編纂所の高島氏による和紙を使った古文書の修復方法の講義とデモンストレーションも行われた。高島氏はワークショップ期間たびたび来学し、クルシュ氏とともに学生の指導に当たった。

クルシュ氏のワークショップ開催時期には首都圏や関西から多くの文化財保護専門家がプロジェクトを見学するために来学し、東アジア初のパピルス修復師養成ワークショップについての評判が高かったことを示した。

2-1. 日本に適したパピルス保存方法の検討

ワークショップ期間中、クルシュ氏とともに東京大学史料編纂所にて日本の文化財修復に当たる第一線の技術者が複数集まり、高温多湿の日本における古代エジプト・パピルス文書の保存方法について討議を行った。欧米の乾燥気候の中では、パピルス文書は2枚のガラス板の間に封入するだけでよいが、日本の場合は冬と夏の湿度の差が大きく、ガラス

ワークショップ時の写真

板の結露も考えられるため、日本においてはパピルス片の周囲に中性紙の枠を置くことが最適であろうとの結論に達した。

　さらに、近年注目されている被災書籍についての保存処理（塩抜き）方法や、パピルス修復保存にも多用されている日本の和紙や竹ひごなどの道具ついて、適用のメリットやデメリットについて検討した。製本業が盛んな欧米だが、紙の経年変化や虫食いなどによるダメージの修復には伝統的に日本の和紙修復の技術が導入、応用されてきた。しかし、現在では保存される土地の気候や環境によって最適の材料を求める動きが出てきており、特にバインダー（糊）は修復機関で独自に調合が行われている。日本においてパピルス修復保存は欧米の技術を導入して行っているのが現状だが、経験の蓄積により今後日本独自の修復保存方法を開発する必要性があるかもしれない。

- 3 -
2014年度のプロジェクト

　2013年度の成果を受けて、2014年度にはさらなる技術的向上を図るため、パピルス修復ワークショップを受講した学生の中から3人を選抜、夏休み期間にミシガン大学のパピルス研究所にて世界的権威ライラ・ロー・ラム氏より研修を受けた。さらに、そのうち2人はアメリカよりベルリンへ飛び、ミリアム・クルシュ氏のもとでインターンシップを行った。

　そして2014年4月に開催された国際学会American Research Center in Egypt の年会にてジャスノウ教授・マニング教授・山花の連名で東海大学所蔵のパピルス文書の重要性と今後の展望を発表した。そしてプロジェクトを進めるために2014年は東海大学にて本格的な解読作業の前段階の断片の「アライメント（接合作業）」を行うことを決定。ジャスノウ教授・マニング教授・山花の3研究室の共同研究として11月にジョンズ・ホプキンス大学よりジャスノウ教授とキャサリン・デービス氏、イェール大学よりアンドリュー・ホーガン氏、フランソワ・ジェラルディン氏が来日し、東海大学にて養成している学生修復師と共同作業を行うこととなった。

3-1. ミシガン大学パピルス研究センターとベルリン新博物館での研修とインターンシップ

　ミシガン大学パピルス研究センターにおいて2014年8月より開催された研修では、前年度にクルシュ氏より学んだ技術を基礎としながら、一歩進んだ「湿式」技法を新たに学んだ。ミシガン大学では専任パピルス修復師であり全米で最も信任の厚いライラ・ロー・ラム氏が東海大学のパピルス修復師養成の試みに対して惜しみない協力を申し出てくれ、ボランティアとして研修を引き受けてくれた。

　生まれ育った土地から離れ、日本語も通じない環境で学生たちは当初戸惑いがあったものの、パピルス修復に対する理解が深まるにつれ米国での生活にも慣れ、帰国前には片言ながらも英語でコミュニケーションが取れるほどになった。

　ミシガン大学での研修が終了したのち、3人の学生のうち2人は引き続きベルリンの新博物館に1か月間赴き、ミリアム・クルシュ氏の指導下でインターンシップを行った。すでに身についていた知識の上にさらに新しい知見を得、日本では触ることもできないような貴重な大判パピルス文書の修復に携わり、実際にパピルス紙の製作実験を行うことでパピルスという植物の特性を学んだ。

ライラ氏の修復技術を学ぶ学生たち

ミシガン大学でのパピルス修復技術研修　右から3番目がライラ・ロー・ラム氏

ベルリン新博物館での
インターンシップ

3-2. イェール大学とジョンズ・ホプキンス大学研究者との共同研究

学生によるパピルス修復は順調に進み、次の解読の第1ステップとして、2014年11月1日より15日までの間、米国イェール大学とジョンズ・ホプキンス大学より研究者4人が来学し接合および解読作業を進めた。この解読作業には東海大学にてパピルス修復を学んだ学生修復師、前述のイェール大学のジョセフ・マニング教授の門下生である大学院生、ジョンズ・ホプキンス大学のリチャード・ジャスノウ教授とその大学院生である。

彼らは細かな断片となっているパピルス文書を文字の配列を確認しながら根気よくつなぎ、その傍らでパピルス修復の修復学生たちが破片接合を補助し、出版用の写真を撮影した上でガラス板に保存する処置を行った。保存に当たっては、前述のとおり日本の気候を考慮したうえで中性紙の枠を作成し、パピルスとともにガラス板に封入する方法を取る。

本学のパピルスコレクションには紀元前5世紀前後のものと紀元前2世紀頃のものがコレクションの中心を占める。内容は司法・行政にかかわる文書が多いが、死者の書のような葬祭文書や神話も含まれている。中には紀元前5世紀頃の珍しい用語集のようなものや、プトレマイオス朝時代のクレオパトラ1世の名のある文書も含まれており、これらが完全に解読されれば古代史に新たな史実を加えることとなる。解読の成果が心待ちにされるところである。

3-3. 今後の展望

東海大学で古代エジプトのパピルス修復師を要請する、というプロジェクトは日本だけではなく、東アジア地域において初めての試みである。本プロジェクトは3か年計画で完結する予定だが、本プロジェクトの遂行によっ

解読作業を行うイェール大学とジョンズ・ホプキンス大学の研究者たち。下はジャスノウ教授

「死者の書」の断片をつなぎ合わせると「イシス女神」の名が読み取れた。接合作業の1例である。

　て築いた施設間の結びつきや大学間の国際的な協力関係は今後にも引き継ぎたい大きな財産となった。文化財保存の分野の第一人者たちからは、単に保存技術を学ぶだけではなく、プロフェッショナルとしての矜持を見せてもらった。文献学の研究者たちからは、歴史時代の研究は考古学のような物質的な研究だけではなく、文献学との両輪で解釈されることによって初めて歴史の実像に近づける、ということも学んだ。日本の古代エジプト研究はともすれば考古学的な歴史の解釈が優先されがちだが、世界的にも認められるような研究を遂行するためには考古学と文献学が情報を密に交換できるような体制の構築が重要であり、今後の課題であることを認識した。

　さらに、このプロジェクトを境に学生たちの学ぶ意欲に大きな変化が出たことは間違いない。大きな目的に向かう覚悟と地道な努力、そして目的が達成できた時の喜びを経験した学生たちは、成し遂げたことに対する自信を深めることができた。世界のトップレベルの人たちと触れ合うことによって学生たちが得る刺激は何物にも代えがたい経験となるだろう。

2014年11月ジョンズ・ホプキンス大学とイェール大学より
このプロジェクトに参集した研究者たちとともに撮影

エジプト画像のデジタルアーカイブ化プロジェクト
(2011〜13年度総研プロジェクトのまとめ)

宮原俊一

－1－
考古学資料の基礎整理

　故鈴木八司名誉教授のご遺族より2011年に東海大学に寄贈された資料（古代エジプト及び中近東コレクション）は、当初から未整理状態にあった。1997年に一部の考古学資料が公開されたこともあり、その学術的価値は広く認知されていたものの、資料の総数や詳細な内容についてまでは明らかにされていなかった。そこで、東海大学は本コレクションを研究・教育資源として活用していくことを目的に、研究プロジェクト「古代エジプト考古学資料の学術的体系化と活用に向けた基礎的研究」を2011年度から3ヶ月にわたって実施した。

　考古学資料については、全ての資料を種別ごとに分類し、資料番号を付与（注記）した。一部の資料については必要に応じてクリーニングした後に、計測または実測、撮影などの過程を経て、管理台帳に記録していった。

学生ボランティアによる整理作業の様子

－2－
画像資料のデジタルアーカイブ化

　本コレクションには故人が1958年から約10年間にわたってエジプトで撮影した15,000点にもおよぶ写真、カラースライド、ネガフィルム等も含まれている。これら画像資料の中には、ユネスコの世界遺産条約が成立するきっかけとなった「ヌビア遺跡救済キャンペーン」の貴重な記録写真も残されていた。しかし、ほとんどの画像資料は経年による劣化や退色が進んでおり、早急な対応を講じる必要に迫られていた。そのため、画像資料のデジタルアーカイブ化をプロジェクトの研究計画に組み込み、東海大学情報技術センター協力のもと、これを実施した。その手順はおおむね、クリーニング、スキャニング、デジ

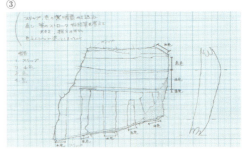

考古資料は、注記（資料番号付与：①）の後、計測（②）、図化（実測作成：③）、撮影の順に整理され、管理台帳に登録していく

①アルコール系クリーナーによるカビの除去　②流水による水洗作業　③ドライウェルによる撥水処理　④スクイジングによる水滴除去後に乾燥　⑤アルバムへの収納

カラースライド	16ビットRGBカラー	光学解像度6400dpi	画像サイズ 25.5×37.0mm	170GB
35mm黒白ネガフィルム	16ビットモノカラー	光学解像度4800dpi	画像サイズ 25.5×37.0mm	約60MB
ブローニカラポジフィルム	16ビットRGBカラー	光学解像度6400dpi	画像サイズ 58.5×70.0mm	約1.46GB
ブローニ黒白ネガフィルム	16ビットモノカラー	光学解像度6400dpi	画像サイズ（6×6サイズ）60×60mm 画像サイズ（6×9サイズ）60×90mm	約440MB 約650MB

クリーニングを終えたカラースライド

東海大学情報技術センターにおけるスキャニング

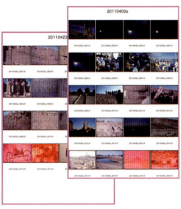

フィルムごとにコンタクトシート（インデックス）を作成

タルデータの画像復元（復元鮮明化処理）の作業工程で進められた。

　クリーニングについては、スライドやフィルム表面に付着したホコリやカビをエアダスターまたはアルコール系クリーナーによって除去した。カビの温床となるホコリや指脂等を除去し、再付着させないことに重点をおいてクリーニング処理を進めた。カビの付着が著しいフィルムについては、流水が循環する容器の中で2～3時間ほどフィルムを浸し、表面のカビを指頭で少しずつ除去し、さらに水洗洗浄と撥水処理を施した後にアルバムに収納した。

　スキャニング（デジタル図像化）については、画像資料の種別によって操作環境を上表のように設定し、スキャニングを実施した。

　また、フィルムあるいはスリーブ単位でコンタクトシート（インデックス）を作成した。このコンタクトシートにはフィルムケース等に残されていた撮影場所や撮影年月日など、現状で確認できる情報を記録した。

― 3 ―
画像の復元鮮明化処理

　残された画像資料を最善の状態で保管・再整理しつつ、一部のカラースライドとネガフィルムについては、退色・変色に対する色復元または鮮明化処理を施した。この工程はあくまでも色の再現を目的としており、失われつつある画像の色情報をデジタル処理で引き出すことに専念し、カビによる部分退色やフィルム表面の裂傷等によって失われた情報の修復や加工処理は施していない。その方法として、退色状況が近似するフィルムを分類し、Adobe 社の Photoshop CS6 によりフィルムの退色状況に応じて再現に必要となる要件（処理メニュー）を作成した。複数の処理メニューを事前に用意しておくことで、同じような退色状況にあるスライド（またはフィルム）を効率よく再現することができるが、最終処理では個別のファイルごとに条件を整えて再現を試みた。

― 4 ―
古代エジプト及び中近東コレクションの公開と活用

　3ヶ月にわたり本コレクションの学術的体系化を進めてきたが、考古学資料の基礎整理については2014年3月までに管理台帳（データベース）が作成され、全資料の管理および

東海大学情報技術センターにおいて色復元・鮮明化処理をした35mmカラースライド。右段が処理後のイメージ。

検索が容易に行えるようになった。

　また、画像資料のデジタルアーカイブ化については、カラースライド903枚、35mm黒白ネガフィルム1,020枚、ブローニーカラーポジフィルム188枚、ブローニー黒白ネガフィルム165枚のスキャニングを完了した。画像資料に関わる一連の作業過程で、これらのスライドやフィルムには、古代エジプトの遺跡・遺構だけでなく故人がエジプトに滞在していた当時の風景（人びと、風土・民俗、地理・地形、建築物など）が多く残されていたことが明らかになった。画像の復元・鮮明化処理は、その対象を絞り込みながら現在も進められているが、失われつつある過去の記録をリアルな情景として今に伝え、考古学のみならず地域研究に役立つ情報として活用することもできる。

　本プロジェクトはコレクションを研究および教育の資源として活用するため、基礎的な整理作業から着手したが、それは一方でコレクションの公開性を高め、新たな研究を生み出す結果ともなった。その一例として、パピルス文書の修復保存に関する国際的な研究プロジェクトが現在進められているが、今後もあらゆる分野において鈴木コレクションが果たす役割は大きいであろう。

鈴木コレクション管理台帳

（処理前画像）

（復元・鮮明化処理画像）

綿花を収穫する少年・少女たち

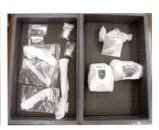

整理後、再収納した鈴木コレクション

文理融合　古代の技術を最先端分析機器で探る

葛巻　徹

－1－
はじめに

　文学部アジア文明学科から古代エジプト時代のパピルスの解析に関する相談が持ち込まれたのは2014年3月のことである。パピルスは文字の筆記媒体として知られているが、パピルスと一口に言っても実は状態は様々で、表面の色味加減やしなやかさなどの風合いが異なっている。これらが製法に由来するのかそれとも経年変化による影響なのかを定量的に評価できないか？　と言うのが主な内容であった。また、パピルスだけでなく金属器（青銅器）の組成、製造法そして加工技術についての詳細は必ずしも明らかではない。かつて文明が栄えた時代に使用されていた素材や材料に対する科学的調査は当時の人々の生活様式や精神世界だけでなく技術水準をも知る手掛かりを与えるものであり学術的価値が高い。また、材料に関する情報を年代別に整理することでモノづくり技術がどのような変遷をたどったのか、材料進化の歴史を垣間見ることのできる稀有な機会でもあることから文学部との共同研究を始めることとした。我々の研究室は微小物質・材料の合成と物性計測を得意としており、独自に開発した計測技術を工学のみならず多様な分野へ適用し、その分野の進展に寄与することを目標の一つとしている。小片化した遺物の解析は我々にとってまさにうってつけの研究課題である。今回、東海大学がそのスケールメリットを生かした文理融合研究をスタートさせることで、故鈴木八司名誉教授のご遺族から本学に寄贈された「古代エジプト及び中近東コレクション」の物質的特徴の謎にどこまで迫れるのか、そして、文系・理系双方の学生への教育効果を含めてどんな成果が生み出されるのか大変興味深い。歴史的遺物の科学分析は、その文化的価値の高さゆえ、非破壊で行うことが前提となる場合が多い。本研究においても、まずは赤外分光法（FT-IR）、蛍光X線分析法（XRF）を用いた非破壊検査から解析を始めた。以下、パピルス解析においてこれまでに得られた知見を紹介する。

－2－
パピルス解析

　図1（a）～（e）に本実験で使用した複数のパピルス片を示した。現代に作製されたパピルス（図1（a））はやや薄黄色っぽくつやがあり見た目でも新しいものと判る。複数のエジプト時代のパピルス（古代パピルス（1）～（4））については茶色っぽく着色されたようにみられ経年変化を生じていることが判る。残念ながらそれぞれの試料の年代は特定できていない。これらを試料として、見た目や質感の違いを定量的に評価する目的でFT-IR（IRT5000及びFT/IR4200、日本分光）による解析を試みた。測定には大学院生と学部卒研生らが文理融合研究チームを結成し取り組んでいる（図2、3、4）。木材や和紙などのセルロース繊維は含有するリグニンの分解に伴って劣化し、赤外線スペクトルに変化が生ずることが知られている[1]-[3]。リグニンとはセルロース繊維を束ねる"のり"の役目

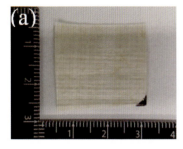
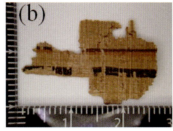
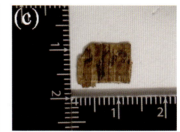
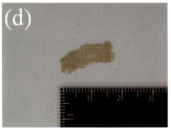
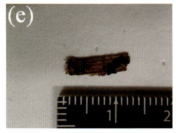

図1　各種パピルス試料の写真
(a) 現代パピルス、(b) 古代パピルス(1)、(c) 古代パピルス(2)、(d) 古代パピルス(3)、(d) 古代パピルス(4)

図2　赤外分光測定の様子

図3　文学部の学生を交えた赤外分光測定の様子

図4　蛍光X線測定の様子

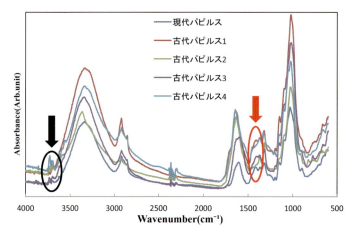

図5　全反射測定法（ATR法）による各種パピルスの赤外線スペクトル

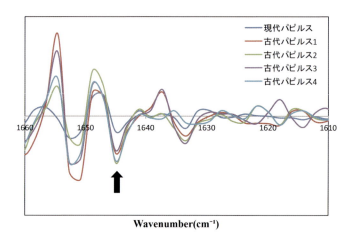

図6　全反射測定法（ATR法）による各種パピルスの2次微分赤外線スペクトル（1,650〜1,600 cm^{-1}）

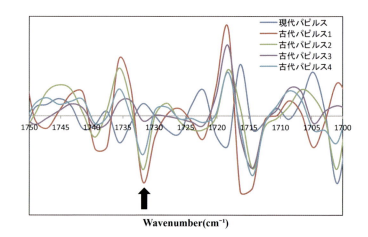

図7　全反射測定法（ATR法）による各種パピルスの2次微分赤外線スペクトル（1,750〜1,700 cm^{-1}）

をしている物質で、これが分解すると繊維がばらばらになってしまう。そこで、本実験では同じくセルロース繊維を有するパピルスに対して、全反射測定法（ATR法）による赤外線スペクトルの測定を行い、現代パピルスと古代パピルスで赤外線スペクトルに差異があるか否かを比較した。

図5にATR法によって得られた5つのパピルス試料の赤外スペクトルを示す。本データから、フェノール（ベンゼンの水素原子の1つをヒドロキシ（OH）基で置換したもの）の遊離OH基に由来する3,700 cm^{-1}付近の2つのピーク（図5黒矢印で示した部分）が古代パピルス試料の全てから明瞭に確認でき、特に古代パピルス（2）及び（4）の2つの試料ではこれが顕著である。しかし、現代パピルスではこのピークは確認できなかった。一方、現代パピルスで確認されたCH$_2$変角振動に由来する1,420 cm^{-1}付近のピーク（図5赤矢印で示した部分）が、古代パピルス試料では弱くなっており、古代パピルス（2）及び（4）の2つの試料では、ほぼ確認できなかった。本実験により、古代パピルス試料において、遊離OH官能基の増加とCH$_2$官能基の減少が確認された。これらの変化はリグニンの高分子構造の分解反応に相当すると考えられ、リグニンの分解が顕著な古代パピルスの（2）と（4）は崩壊がかなり進行していることを示唆する結果を得た。実際、古代パピルス（2）と（4）は劣化が著しく、"紙"としての形態維持が困難な状況である。

また、セルロース繊維自体はその劣化に伴いカルボニル基（1,600～1,650 cm^{-1}）とカルボキシル基（1,700～1,750 cm^{-1}）の生成が報告されている[4]。その変化を赤外スペクトルから解析を試みた。近赤外線のスペクトルは種々の吸収が重なり合って複雑な形状を示す。また、変化が微少なため他の優位な吸収スペクトルに邪魔されて検出しにくい事も多い。そこでこれら重なり合うスペクトルから吸収バンドを分離し明瞭化するため図5の赤外スペクトルを2次微分し、1,650～1,600 cm^{-1}付近を拡大したスペクトルを図6に、1,750～1,700 cm^{-1}付近を拡大したスペクトルを図7にそれぞれ示した。図6のカルボニル基に由来する1,650 cm^{-1}付近のピーク（図6矢印）は、全てのパピルス試料で確認され、そのピーク強度は、古代パピルス（2）＞（4）＞（1）＞（3）の順に高く、現代パピルスは全試料中もっとも強度が低かった。一方、図7のカルボキシル基の生成に由来する1,730 cm^{-1}付近のピーク（図7矢印）は、現代パピルスを除くすべての古代パピルスで確認でき、その強度は古代パピルス（1）＞（2）＞（4）＞（3）の順に大きかった。いずれの結果でも現代パピルスと古代パピルスとではピーク強度に大きな差が認められた。しかし、古代パピルスに限って見ると、カルボニル基のピーク強度には大きな差は無く、カルボキシル基によるピーク強度差は比較的大きいという結果を得た。これらのピーク強度の差から古代パピルス間で劣化具合の比較や年代順との相関性を見出すことは現時点では困難であるが、これらはパピルスの状態の違いを表す指標として使える可能性がある。カルボキシル基の生成によって生じるピーク変化は、カルボニル基のそれと比べて小さいとの報告[4]があるが、本研究では現代パピルスを除く全ての古代パピルス試料で、カルボキシル基由来と考えられるピーク変化が明瞭に確認できた。セルロース繊維の数千年単位での経年劣化解析については報告例がなく、カルボニル基とカルボキシル基のピーク強度比の変化が意味のある変化なのか今後も継続的に評価する必要がある。

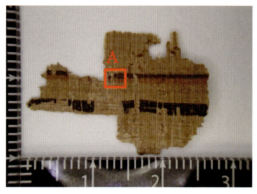

図8　古代パピルス（1）の写真
　　　図中（A）は赤色顔料と黒色顔料で描かれた部分を示す

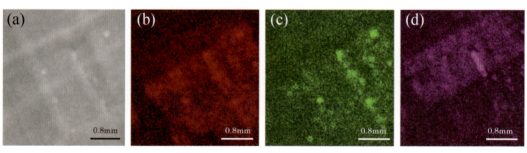

図9　蛍光X線分析（XRF）による透過X線画像と各種元素マッピング
　　　(a) 透過X線画像、(b) 硫黄の元素分布（Kα）、(c) ヒ素の元素分布（Kα）、(d) 鉄の元素分布（Kα）

　セルロース繊維の劣化には光照射の影響が考えられるが、予備実験として行った現代パピルスへの紫外線照射実験（500 W、30 min）では2,900 cm^{-1}付近のCH結合に由来するスペクトルのみが消失する結果が得られており、単純な紫外線照射の影響は否定される。むしろ、リグニンを分解する酵素を持つ白色腐朽菌等の存在とその影響について検討すべきと思われる。
　前出の古代パピルス（1）（図1 (b)）では表面に黒色系と赤色系の顔料が確認できる。図8（A）で示した黒色顔料部分と赤色顔料部分についてXRF（XGT-2700、HORIBA）による顔料成分の元素分析を試みた。XRFでは数種類の元素が検出されたが、その主な元素について透過画像で示した領域でマッピングを行った結果を図9 (a)〜(d) に示した。検出された硫黄（S）とヒ素（As）はマッピング位置が一致しており、硫黄とヒ素は化合物として存在していると考えられる。これは硫黄とヒ素の化合物である鶏冠石（AsS）を原料とする赤色顔料である可能性が高い。また、鉄（Fe）のマッピングは硫黄やヒ素とはあまり重なっていないことから、こちらは赤色顔料に含まれているものではなく、黒色顔料に由来するものであると考えられる。当初この黒色顔料は鉄鍋等に付着したススを削り落としたものではないかと考えたが、鉄器

の出現はローマ時代以降であることから鉄鉱石由来の黒色顔料である可能性が高く、ウスタイト（FeO）と呼ばれる酸化鉄の鉱物が原料ではないかと思われる。もし、この顔料が磁性を持っていればマグネタイト（Fe_3O_4）と呼ばれる鉄鉱石が原料の可能性もある。他にも酸化鉄は赤い顔料として利用されているヘマタイト（Fe_2O_3）もある。顔料原料はその時代における入手の難易度等から用途が分けられていた可能性もあり、原料成分の特定は興味深い。高貴な人物の「死者の書」は、丁寧に製造されたパピルスに様々な顔料で色彩豊かに描かれ直射日光が当たらず湿度変化が少ないところに保管されていたに違いない。

– 3 –
終わりに

現時点までの解析では、パピルスのしなやかさ等の風合いは単に年代の新旧の違いによるものではなく、製造時の処理法やプロセスの違いや細菌類が繁殖しやすい環境か否かなどがその後の保存状態に影響を与えている可能性が高い。今後パピルスの表面処理状態や作製法の違いの有無、そしてリグニンの分解原因に着目して検討する必要がある。一方、元素分析はその時代のトレンドや技術水準などを量るうえで重要である。金属器の調査と合わせてさらに検討して行きたい。大学では材料学を学ぶ学生らを前に、「人類発展の歴史は材料開発の歴史でもある！」と、声高に語ってはいるが、実際に歴史的遺物を手に取って解析するのは今回が初めてで貴重な体験をさせていただいている。本学が所蔵する「古代エジプト及び中近東コレクション」を目の前にして、学術的な興味だけでなく、数千年前のパピルス、金属器を通して古代の神秘性やロマンを感じながら研究に取り組んでいる。貴重な資産を生かしじっくりとそして着実に文理融合研究を推進していきたい。

参考文献
(1) 武井利之、濱島正士、神庭信幸
1997 「FT-IR法による法隆寺古材の劣化の解析」『木材学会誌』43巻3号 pp.285-294 東京
(2) 武井利之、神庭信幸
2003 「FT-IR法を用いた木質保存箱の劣化測定」『文化財保存修復学会誌』47巻 pp.65-70 京都
(3) 武井利之、神庭信幸
2003 「FT-IR法を用いた和紙の非破壊測定」『文化財保存修復学会誌』47巻 pp.71-75 京都
(4) 谷田貝麻美子
2000 「FTIR/ATR微分スペクトルによる天然繊維の劣化状態の評価」『考古学と自然科学』9巻 pp.55-64 奈良

謝辞

　『古代エジプト　ファラオと民の歴史—東海大学のエジプトコレクション』展覧会開催にあたりましては、横浜ユーラシア文化館の皆様より多大なご協力をいただきました。特に竹田多麻子学芸員には展示企画の段階からお世話になりました。ここに記して謝意を申し上げます。

　また、展覧会は横浜ユーラシア文化館と東海大学との共同展覧会であり、横浜ユーラシア文化館と2014年度東海大学総合研究機構プロジェクト「東海大学所蔵古代エジプト・パピルス文書の修復保存・解読・出版に関する国際プロジェクト」より支援および助成を賜りました。展覧会会期中の展示解説、ワークショップなどを担当してくれた東海大学チャレンジセンターユニークプロジェクト ICPP（International Cultural Properties Project）の学生ボランティアさんたちにも心よりの感謝を申し上げます。

　さらに、本書刊行にあたっては2014年度東海大学総合研究機構プロジェクト「東海大学所蔵古代エジプト・パピルス文書の修復保存・解読・出版に関する国際プロジェクト」と東海大学文明研究所コアプロジェクト「文明遺産をめぐる課題」より助成を受けました。

　本書執筆者の皆様方には時間的にかなり無理をお願いしましたが、快く執筆を引き受けてくださいました。特に情報技術センターの恵多谷事務長とセンターの皆様には技術的支援も含め多大なるご協力をいただきました。

　本書校正作業は伊井さえこさん、山下麻依さん、そして坂本玲子さん（プロジェクトスタッフ）が残業を厭わず遂行してくださいました。さらに、東海大学出版部の田志口克己さん、そしてデザイナーの岸 和泉さんには最後までご無理をかけました。心より感謝を申し上げます。

　本書刊行は関係者皆様の献身的な努力と、「良いものを作りたい」という情熱の賜物です。読者の方々に我々の情熱が少しでも伝われば幸甚です。

山花 京子

協力者一覧

岡野智彦（竹田多麻子担当遺物解説執筆協力）青山学院大学 非常勤講師
手塚直樹（竹田多麻子担当遺物解説執筆協力）青山学院大学文学部史学科 教授
秋山慎一（図版 8, 48, 86　象形文字解読協力）早稲田大学ヨーロッパ文明史研究所 招聘研究員
輿石有佑（遺物写真撮影）フォトグラファー

東海大学チャレンジセンターユニークプロジェクト「ICPP (International Cultural Properties Project)」

 小野智仁　　　東海大学文学部歴史学科考古学専攻 3 年
 和田山千暁　　東海大学文学部歴史学科考古学専攻 3 年
 苫米地美侑　　東海大学文学部アジア文明学科 3 年
 藤沼一貴　　　東海大学文学部歴史学科考古学専攻 3 年
 久保宮大志　　東海大学文学部歴史学科考古学専攻 3 年
 佐藤永明　　　東海大学文学部歴史学科考古学専攻 3 年
 佐藤史峰　　　東海大学文学部歴史学科考古学専攻 3 年
 佐々木麻衣　　東海大学文学部歴史学科考古学専攻 3 年
 岡本千尋　　　東海大学文学部アジア文明学科 3 年
 武藤一輝　　　東海大学文学部アジア文明学科 3 年
 影山天士　　　東海大学文学部アジア文明学科 3 年
 宮坂 遼　　　東海大学文学部アジア文明学科 3 年
 南條紘生　　　東海大学文学部歴史学科考古学専攻 2 年
 木内雄太　　　東海大学文学部歴史学科西洋史専攻 2 年
 大野麻里子　　東海大学文学部心理・社会学科 3 年
 江湖史奈　　　東海大学文学部アジア文明学科 2 年
 井田千尋　　　東海大学文学部アジア文明学科 2 年
 今井千尋　　　東海大学文学部歴史学科考古学専攻 1 年
 永井愛華　　　東海大学文学部歴史学科考古学専攻 1 年

東海大学総合研究機構プロジェクトスタッフ

 伊井さえこ
 山下麻依
 坂本玲子

執筆者一覧

山花京子　　　東海大学文学部アジア文明学科 准教授
恵多谷雅弘　　東海大学情報技術センター 事務長・同総合研究機構プロジェクト研究分担者
葛巻 徹　　　東海大学工学部材料科学科 准教授
宮原俊一　　　東海大学文学部歴史学科考古学専攻 専任講師
中野良志　　　東海大学情報技術センター 係長
竹田多麻子　　横浜ユーラシア文化館 学芸員
伊井さえこ　　東海大学総合研究機構プロジェクト「東海大学所蔵古代エジプト・パピルス文書の修復保存・解読・出版に関する国際プロジェクト」スタッフ

監修者紹介

山花 京子（やまはな きょうこ）

シカゴ大学人文学部（修士）・東海大学論文博士（文学）。東海大学文学部、東京工業大学、慶應義塾大学文学部の講師を経て現職。専門は古代エジプト考古学。中でも「ファイアンス」と呼ばれる現在では失われたガラスと焼き物の中間物質の研究を主とする。
著書・監修に『初めての古代エジプト』（ブイツーソリューション）、『古代エジプトの歴史―新王国時代からプトレマイオス朝時代まで』（慶應義塾大学出版会）、『古代エジプト 青の秘宝ファイアンス』展図録（横浜ユーラシア文化館）、他。

編者紹介

東海大学（とうかいだいがく）

東海大学は1942年に学園を創設。翌1943年静岡県清水市（当時）に、東海大学の前身である航空科学専門学校を開設したことに始まります。その後1946年に旧制大学令により東海大学が認可されました。当時の文部省に提出された大学認可申請書には、人文科学と自然科学の融合による確固たる歴史観、国家観、世界観を把握せしめるとあります。これが本学の「文理融合」の教育理念となっています。創立者松前重義が掲げたこの建学の理想、建学の精神に基づき、知識偏重教育を取らず幅広い視野と柔軟な発想力を持つ人材の育成を目指しています。教育・研究機関として人材、知識、技術、機能を有し、現在、23学部99学科・専攻・課程を擁する総合大学として常に教育改革を推進し、最新の研究に取り組むとともに、その成果の社会への還元に努めてまいります。

〒259-1292　神奈川県平塚市北金目4-1-1　TEL：0463 (58) 1211（代表）　http://www.u-tokai.ac.jp

横浜ユーラシア文化館（よこはまゆーらしあぶんかかん）

ヨーロッパとアジアを合わせたユーラシア諸地域の歴史と文化を扱う博物館です。多様な民族の文化と交流の歴史を、「砂漠と草原」「色と形」「技」「装う」「伝える」というテーマに分け、陶器・ガラス製品・貨幣・民族衣装・装身具などの資料を通して紹介しています。コレクションの核となるのは、東洋学者の江上波夫が長年の研究活動の中で収集し、横浜市に寄贈した資料群です。年に2回の企画展のほか講座・講演会、ワークショップなどさまざまな活動を行っています。

〒231-0021　神奈川県横浜市中区日本大通12　TEL：045 (663) 2424　http://www.eurasia.city.yokohama.jp

---

悠久のナイル　ファラオと民の歴史

2015年1月31日　第1版第1刷発行

監　修　山花京子
編　集　東海大学・横浜ユーラシア文化館
発行者　安達建夫
発行所　東海大学出版部
　　　　〒257-0003　神奈川県秦野市南矢名3-10-35　東海大学同窓会館内
　　　　TEL　0463-79-3921　FAX　0463-69-5087
　　　　URL　http://www.press.tokai.ac.jp/
　　　　振替　00100-5-46614
デザイン　岸　和泉
印刷所　港北出版印刷株式会社
製本所　港北出版印刷株式会社

Ⓒ Kyoko YAMAHANA, 2015　　　　　　　　　　　　　　　　ISBN978-4-486-02062-2

Ⓡ〈日本複製権センター委託出版物〉
本書の全部または一部を無断で複写複製（コピー）することは、著作権法上の例外を除き、禁じられています。本書から複写複製する場合は日本複製権センターへご連絡のうえ、許諾を得てください。日本複製権センター（電話03-3401-2382）